[illegible] DE 1867 [illegible]

# [illegible]PTABILITÉ COMMERCIALE

## DÉMOTIQUE

## EN PARTIE DOUBLE

[illegible]

PAR [illegible]

[illegible]

## OUVRAGE ÉLÉMENTAIRE

[illegible]USAGE DES ÉCOLES ET DES JEUNES GENS QUI SE DESTINENT AU COMMERCE

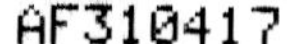

[illegible] au seul et unique système démotique, la Comptabilité commerciale en partie double est désormais enseignée à fond, aux élèves de 12 à 18 ans, en une douzaine de leçons.

[illegible]rations maritimes — armement et désarmement de navires — comptes de vente et de courtage — comptes courants et d'intérêts.

[illegible] démotique, le commerçant, quelque peu instruit qu'il puisse être, peut tenir lui-même ses écritures en partie double, sans jamais avoir appris.

Économie de dix heures de travail sur douze, sur l'ancien système français.

Balance perpétuelle. — Écritures mathématiques depuis le 1er janvier jusqu'au 31 décembre.

Situation de la maison mois par mois sur une seule ligne du Journal — douze mois sur douze lignes.

Au Grand-Livre, il n'y a plus de compte de capital ni de comptes généraux, tout est au Journal.

[illegible] dépense des trois cahiers imprimés (Journal, Brouillard et Grand-Livre) n'aura jamais besoin d'être renouvelée par le même élève.

**Escompte sur les affaires en gros.**

*Vente de registres au commerce et à l'industrie. — Escompte aux marchands papetiers.*

**PREMIÈRE ÉDITION**

**EN VENTE DU MÊME AUTEUR**

**Un volume in-4° (1[illegible]e édition). Opérations complètes de Comptabilité commerciale et maritime.**

**Trois cahiers in-4° jésus, imprimés.**

PARIS

[illegible] DELALAIN ET FILS, IMPRIMEURS-LIBRAIRES DE L'UNIVERSITÉ, RUE DE LA SORBONNE, N° 5

CHEZ LES PRINCIPAUX LIBRAIRES DE FRANCE ET DE L'ÉTRANGER, ET CHEZ L'AUTEUR, RUE SAINT-ANDRÉ-DES-ARTS, 22

1876

Moulins, Imp. de C. Desrosiers

# ABRÉGÉ HISTORIQUE

SUR

# L'ORIGINE DE LA COMPTABILITÉ COMMERCIALE ET MARITIME



## DEPUIS LE XVI^e SIÈCLE JUSQU'A NOS JOURS

---

L'histoire nous dit que la Comptabilité commerciale a pris naissance à Venise.

Cette ville, si heureusement située et dans toute sa splendeur, formait le trait-d'union entre l'Orient et l'Occident.

Elle était en outre, par son commerce maritime et sa position géographique, la plus importante de cette latitude, car elle absorbait, à peu près à elle seule, tout le commerce du Levant.

Pendant des siècles, elle a été sans rivale dans les fastes maritimes ; toutes les mers étaient sillonnées par ses nombreux et gigantesques vaisseaux, et ses produits inondaient l'Europe.

Cette Reine de l'Adriatique, le centre de transactions fabuleuses, reconnut bientôt le besoin impérieux d'établir de l'ordre et de la régularité dans le contentieux de ses colossales opérations.

Poussée par cette nécessité absolue et reconnaissant l'insuffisance des moyens dont elle disposait à cette époque, elle comprit instinctivement qu'il fallait autre chose que des notes écrites, c'est-à-dire, autre chose qu'une comptabilité ne donnant aucun résultat satisfaisant.

Comme toujours, les premiers essais furent infructueux; cependant, la solution de ce problème était d'autant plus nécessaire, que depuis longtemps déjà, cette lacune était la cause inévitable de la ruine d'un grand nombre de citoyens.

Voulant se rendre utile à son pays, un savant de l'époque, comprenant lui-même l'utilité d'une œuvre aussi importante, commença à planter les premiers jalons de cette science. Après avoir réuni et combiné tous les éléments traitant de cette matière, il en a fait un livre.

C'est de là que prirent naissance les comptes généraux.

Il eut d'abord l'idée de faire surgir le compte général de marchandises ; et plus tard, le compte général de caisse.

Le compte général de marchandises, afin de se rendre compte de toutes les marchandises qui entraient dans les vastes magasins de ces armateurs, et de celles qui en sortaient pour des expéditions lointaines.

Le compte général de caisse, afin de pouvoir se rendre compte de la manipulation des espèces, quoiqu'alors fort peu importantes, eu égard au peu de numéraire qui existait dans ces latitudes. La majeure partie du trafic, se faisait sous forme d'échange de marchandises et en lingots d'or et d'argent.

On imprima ce livre qui fit plus tard le tour du monde !

Voici, du reste, l'itinéraire qu'il suivit : D'abord, de Venise à Gênes. Les Gênois, jaloux de la prospérité de cette opulente cité, et se sentant d'ailleurs dans des conditions presque identiques pour lui faire cencurrence, se sont jetés avec avidité sur cet essai scientifique pour en tirer la quintessence et en faire leur profit.

Après y avoir ajouté quelques éléments de peu d'importance, ils l'ont à leur tour fait imprimer, pour leurs besoins personnels.

De Gênes à Trieste. — De Trieste à Leipsich. — De Leipsich à Amsterdam. — D'Amsterdam à Londres. — De Londres à New-York et seulement à Paris.

Toutes ces villes ont tenu à honneur d'ajouter quelque chose à ce manuscrit, afin d'essayer de compléter son mécanisme dans la mesure de l'expérience déjà acquise, pour le populariser ensuite et le rendre praticable à tout le commerce.

Depuis cette époque, dis-je, des milliers d'écrivains ont travaillé cette matière. Mais sauf quelques légères modifications apportées dans la forme et la disposition de chaque livre, tous les ouvrages de ce genre ont été écrits dans le sens et d'après les errements de l'ancien système.

Outre les ouvrages de fantaisie qui ne sont pas en partie double, il y a encore le système américain, surnommé le *Journal Grand-Livre*, qui est composé de quelques comptes généraux. L'idée américaine avait une apparence de progrès, que la pratique n'a pas confirmé, attendu, que pour obtenir un contrôle, on est obligé d'ouvrir à nouveau, au *Grand-Livre*, le compte de capital et les mêmes six comptes généraux. Conséquemment, les espérances d'une économie de temps dans les écritures, ne se sont point réalisées.

En définitive, à part les maisons de premier ordre, les maisons secondaires n'ont pu encore jusqu'à ce jour profiter de cette création.

La statistique et l'opinion des hommes compétents prétendent que, sur mille commerçants pris en masse, il n'y en a pas cinquante qui tiennent leurs écritures en partie double. Sait-on pourquoi ?

C'est parce que le mécanisme de l'ancien système est trop difficile et les écritures trop compliquées : c'est évidemment la seule et unique cause pour laquelle il n'est pas encore en usage dans toutes les maisons de commerce. Cependant, il est bien certain, et tout le monde est pénétré de cette vérité, que la comptabilité en partie double, seule, peut fournir la justification, c'est-à-dire, le contrôle exact des opérations d'une maison de commerce quelconque.

Partant de là, il n'y a plus de comptabilité rationnelle possible, il n'y a plus que des notes !

Or donc, si depuis cette époque reculée, le mécanisme de l'ancien système n'a pas encore été essentiellement modifié, on est bien forcé de convenir qu'il n'y a pas d'auteurs modernes, et que les seuls et véritables auteurs, sont bien ceux qui ont disparu de cette terre depuis des siècles !

En effet ! qu'est-ce qu'un auteur ?

N'est-ce pas le créateur ou le promoteur d'une science quelconque, qui provient de son intelligence ou de son génie ?

En thèse générale, un auteur est le propriétaire unique de la réalisation d'une idée plus ou moins ingénieuse, qui a fait l'objet de ses recherches pendant une partie de sa vie ; c'est la victoire remportée sur l'inconnu ; c'est la récompense de ses veilles, de ses recherches pénibles ; c'est enfin le fruit de son activité et de sa persévérance.

Appellera-t-on auteur ou inventeur, celui qui copie les œuvres ou les inventions des autres? Ce serait une amère dérision ! Or, dès l'instant que vous maintenez au *Grand-Livre* le compte de capital et les comptes généraux, qui composent le mécanisme de l'ancien système, il n'y a plus d'auteurs ni d'inventeurs en Europe !

Sans doute, dans le nombre de ces soi-disant auteurs, il y a des hommes instruits et d'un grand talent ; mais pour être logique, il faut qu'ils se maintiennent et restent dans leur sphère. En dehors du mécanisme dont il s'agit, on ne voit pas, il faut bien le dire, l'ombre d'un auteur de comptabilité commerciale en partie double.

Dans presque tous les ouvrages de ce genre, on y explique les principes de l'arithmétique, de la géométrie, des poids et mesures, du change des monnaies, du cours de la bourse mêlés de quelques opérations commerciales usuelles, et enfin d'une foule d'autres choses, toujours précieuses et souvent d'un grand intérêt, mais qui ne sont dans l'espèce, d'aucune utilité, et sont même tout à fait étrangères au mécanisme en question. Mais puisqu'il y a des livres qui traitent spécialement de toutes ces matières, pourquoi encore les faire intervenir directement dans l'enseignement de la comptabilité commerciale.

Un ouvrage de ce genre ne doit traiter absolument et uniquement que de comptabilité commerciale rationnelle et transcendante, d'autant plus que les élèves qui font partie de ce cours, avant d'y être admis, ont déjà appris ces divers éléments. Or, pourquoi, je le répète, en faire encore l'objet de nouvelles leçons? Pourquoi sortir de cette spécialité ?

En leur enseignant autre chose que ce mécanisme, il s'en suit que les élèves arrivent au terme de leur cours, n'ayant reçu à cet égard, que des notions excessivement incomplètes de la science qu'on a eu la prétention de leur apprendre à fond.

Les juges consulaires déclarent en outre, que les faillites, sauf les cas de fausses spéculations et ceux de force majeure, sont presque toujours le résultat du peu d'ordre et de régularité dans les écritures ; et lorsque des commerçants honorables, mais malheureux, sont invités à s'expliquer sur les causes qui ont déterminé ces désastres, ils répondent presque invariablement la même chose ; à savoir : Que la comptabilité en partie double est trop difficile et trop compliquée, ce qui signifie : que les uns n'ont pas reçu assez d'instruction pour les tenir eux-mêmes ; et que les autres ont reculé devant le sacrifice d'appointements élevés à donner aux commis chargés des écritures.

Où est le remède et que convient-il de faire ?

Voici la réponse :

Au moyen de l'emploi des registres de ce système, le commerçant, quelque peu instruit qu'il soit, peut tenir lui-même ses écritures en partie double sans avoir jamais appris. Il économise ensuite, dix heures de travail sur douze, sur l'ancien système français.

Balance perpétuelle. — Situation mois par mois de toutes les opérations de la maison. — Ecritures mathématiques depuis le premier janvier jusqu'au trente-un décembre, ce qui permet d'établir instantanément l'inventaire général.

Au *Grand-Livre*, il n'y a plus de compte de capital ni de comptes généraux ; tout est au *Journal*.

Au *Grand-Livre*, dis-je, il n'y a plus que les comptes des particuliers seulement.

N'est-ce donc pas là la dernière expression de la comptabilité commerciale, puisqu'elle permet à tous les commerçants, instruits ou non, de tenir leurs écritures dans les conditions les plus rationnelles, avec une rapidité et une économie de temps incroyables?

N'est-ce donc pas cette solution qu'on cherche partout en Europe depuis des siècles ?

Avec le système démotique, le négociant de mauvaise foi ne pourra plus tromper, souvent ruiner le petit commerce. Ayant constamment sous les yeux, mois par mois, sa position sur une seule ligne du *Journal*, il n'y a plus de surprises pour lui, car à chaque minute du jour, il peut lire dans sa situation et agir en conséquence.

Avec des écritures tenues dans de telles conditions, les faillites préparées de longue main deviennent impossibles, sans risquer de tomber sous le coup de la loi sur les faillites frauduleuses, art. 553 à 599 du Code de commerce.

Cette crainte paralyse évidemment les mauvaises intentions de cette race de malfaiteurs, et les fait renoncer à leurs coupables projets. Dès lors, moins de sinistres à déplorer et infiniment plus de sécurité dans les affaires.

## CONCLUSION

Si on veut absolument que tout le commerce français tienne ses écritures dans les conditions les plus irréprochables, il n'y a jusqu'alors qu'un seul et unique moyen de réussir : c'est l'adoption par tout le monde du système démotique.

Si plus tard, un auteur plus heureusement inspiré, parvient à produire une œuvre notoirement supérieure à celle-ci, le commerçant ne doit pas hésiter une minute à l'adopter. En cela il se conformera à ses intérêts personnels et à la loi du progrès.

Veut-on également l'enseigner aux élèves de la génération actuelle ?

Il n'y a qu'à faire disparaître du programme l'ancien mécanisme, qui est à lui seul l'obstacle invincible et la négation la plus complète de l'enseignement de cette science, qui cependant, préserve la fortune publique.

Changez donc ce vieux mécanisme, car tout est là !!

L'intention de l'auteur n'est pas d'induire le public en erreur ; il ne désire au contraire qu'un acte de justice ; un acte de justice qui profiterait à tout le monde, aussi bien aux commerçants qu'aux élèves.

Il serait à désirer que cet ouvrage fût examiné officiellement, soit par une commission compétente de trois membres du tribunal de commerce de Paris, désignés par le président, ou une autorité quelconque, dont le rapport consciencieux confirmerait ou anéantirait les allégations mentionnées ci-dessus.

Ce rapport, par la confiance qu'il inspirerait, fixerait définitivement l'opinion publique à cet égard. Mais comme il est probable qu'en France cette mesure ne sera jamais prise en considération, il n'est pas téméraire de prédire que la comptabilité agricole, maritime, industrielle et commerciale, restera encore longtemps, pour ne pas dire éternellement dans l'enfance !

EXPOSITION UNIVERSELLE DE 1867

# COMPTABILITÉ COMMERCIALE

DÉMOTIQUE

# EN PARTIE DOUBLE

COMPLÉTÉE PAR UN CONTROLE MATHÉMATIQUE PERPÉTUEL

**PAR TACAILLE**

AUTEUR D'OUVRAGES HISTORIQUES ET CLASSIQUES

## OUVRAGE ELEMENTAIRE

A L'USAGE DES ÉCOLES ET DES JEUNES GENS QUI SE DESTINENT AU COMMERCE

Au moyen du seul et unique système démotique, la Comptabilité commerciale en partie double est désormais enseignée à fond, aux élèves de **12** à **15** ans, en une douzaine de leçons.

Opérations maritimes — armement et désarmement de navires — comptes de vente et de courtage — comptes courants et d'intérêts.

Avec les registres démotiques, le commerçant, quelque peu instruit qu'il puisse être, peut tenir lui-même ses écritures en partie double, sans jamais avoir appris.

Economie de dix heures de travail sur douze, sur l'ancien système français.

Balance perpétuelle.— Ecritures mathématiques depuis le 1er janvier jusqu'au 31 décembre.

Situation de la maison mois par mois sur une seule ligne du Journal — douze mois sur douze lignes.

Au Grand-Livre, il n'y a plus de compte de capital ni de comptes généraux, tout est au Journal.

La dépense des trois cahiers imprimés (Journal, Brouillard et Grand-Livre) n'aura jamais besoin d'être renouvelée par le même élève.

**Escompte sur les affaires en gros.**

*Vente de registres au commerce et à l'industrie.— Escompte aux marchands papetiers.*



**PREMIÈRE ÉDITION**

PRIX : { Un volume in-4° pour les élèves, net..... **4 50**
Trois cahiers in-4° jésus, imprimés....... **2 50**

EN VENTE DU MÊME AUTEUR

**Un volume in-4° (14e édition). Opérations complètes de Comptabilité commerciale et maritime..... 6 »**
**Trois cahiers in-4° jésus, imprimés.......................................... 4 »**

PARIS

JULES DELALAIN ET FILS, IMPRIMEURS-LIBRAIRES DE L'UNIVERSITÉ, RUE DE LA SORBONNE, 5

CHEZ LES PRINCIPAUX LIBRAIRES DE FRANCE ET DE L'ÉTRANGER, ET CHEZ L'AUTEUR, RUE SAINT-ANDRÉ-DES-ARTS, 22

1870

| | | |
|---|---|---|
| **Angleterre**, | **Belgique**, | **Italie**, |
| **Amérique**, | **Brésil**, | **Portugal**, |
| **Autriche**, | **Espagne**, | **Russie**, |
| **Allemagne**, | **Hollande**, | **Suisse.** |

Moulins, imp. de C. Desrosiers.

# AVIS

Dans toutes les grandes villes de France, il y a des professeurs qui enseignent la comptabilité commerciale de ce système.

Quelques leçons suffisent pour l'apprendre et la savoir à fond.

Tous ces professeurs sont munis de cahiers destinés aux élèves, sur lesquels ils écrivent les opérations commerciales d'une année entière. Ces cahiers représentent tous les modèles de registres nécessaires dans une maison de commerce, tels que : Brouillard, Journal démotique, Grand-Livre, Livre de Caisse, Comptes courants et d'intérêts, etc.

L'opération commence par l'inventaire d'entrée et se termine par l'inventaire général du 31 décembre, et lorsque l'élève en est là, ce qui a lieu en fort peu de temps, il se trouve en état de diriger la comptabilité commerciale d'une maison.

Dans les institutions, MM. les professeurs ne sont plus obligés de préparer les leçons à l'avance, attendu qu'ils peuvent dicter aux élèves toutes les opérations possibles, même sans avoir égard au texte littéral qui compose le Brouillard. L'addition de chaque page du Journal fournit un contrôle perpétuel qui les dispense de ce travail.

---

## FABRIQUE DE REGISTRES.

MM. les commerçants qui désireront profiter immédiatement de l'avantage de ce système, pourront se servir de leurs anciens livres en les utilisant jusqu'à la fin ; il n'est besoin pour cela que d'acheter le Journal démotique de l'auteur. Dans ce cas, il est indispensable de laisser en blanc la première ligne de la première page de ce registre, de manière à pouvoir y inscrire, par catégorie, les sommes provenant du dépouillement des anciens livres (*Voir l'inventaire général* détaillé, pages 44-45.)

L'emploi de ces registres fait économiser, sur l'ancien système français, *dix heures de travail sur douze* ; il donne en même temps à MM. les commerçants la facilité de pouvoir connaître leur position à *toute minute* et de faire leur *Bilan en un quart d'heure.*

Et par le seul fait de l'emploi de ces mêmes livres, les commerçants qui tiennent leurs écritures en partie simple, sont forcément amenés à les tenir en partie double sans jamais avoir appris. Il suffit pour cela, de reporter au Journal toutes les sommes détaillées au Brouillard et aux Livres auxiliaires, en les classant indistinctement les unes après les autres ou en masse, comme il est dit au folio 63.

# NOTES DES ÉDITEURS

Jusqu'à ce jour la Comptabilité commerciale a été un problème presque insoluble. Cependant, cette branche classique, si importante au point de vue de l'intérêt général, a été traitée par un grand nombre d'écrivains distingués, dans le but évident de simplifier les écritures et de les rendre praticables à tout le monde. Mais, sauf quelques légères modifications apportées dans la forme et la disposition de chaque livre, tous les ouvrages de ce genre ont été écrits dans le sens et d'après les errements de l'ancien système.

Or, pour résoudre ce problème, il fallait briser cet ancien système afin d'en créer un nouveau, dont le mécanisme pût s'appliquer à toutes les branches du commerce et de l'industrie.

Cette détermination était non-seulement hardie, mais encore pleine de déception! Malgré cela, l'auteur a eu le courage de l'entreprendre, et il a réussi.

Maintenant, au moyen de l'emploi des registres démotiques, le commerçant, quelque peu instruit qu'il soit, peut tenir ses écritures en partie double sans avoir jamais appris.

Dix minutes, tous les soirs lui suffiront pour reporter du Brouillard, (1) au Journal, toutes les opérations du jour; en faisant ce report, il rectifie les erreurs, s'il y a lieu, et contrôle en même temps sa comptabilité jour par jour. Et s'il tient à ne pas faire connaître sa position, il parviendra à son but, en tenant ce registre sous clef.

La manière de passer les écritures au Brouillard est très-facile, en ce sens, qu'il suffit d'inscrire l'article tout naturellement, tel qu'il se présente, et le reporter ensuite au Journal, qui le convertit immédiatement en partie double.

Le système démotique fait économiser sur l'ancien système français (2), *dix heures de travail sur douze*. Il permet aussi de connaître sa position et de faire son bilan en un quart d'heure.

Aujourd'hui que l'expérience a consacré la supériorité de cette comptabilité, il est évident pour tout le monde, que cet ouvrage a atteint son plus haut degré de perfection. Indépendamment de son mécanisme spécial et de son contrôle mathématique, il est encore rempli d'appréciations neuves, pleines d'enseignement et entièrement inédites.

Aussi, les lycées, les colléges, les maisons religieuses et les institutions en général, ont définitivement adopté le système démotique pour l'enseigner aux élèves.

Si tous les commerçants ne pratiquent pas encore la comptabilité commerciale en partie double, c'est évidemment parce que le mécanisme de l'ancien système est trop difficile et les écritures trop compliquées.

C'est d'autant plus déplorable, que les livres tenus en partie simple ne sont que des cahiers de notes et rien de plus (3).

(1) Les maisons qui n'ont pas de Brouillard reportent directement des Livres auxiliaires au Journal les opérations de chaque jour, ainsi que le prescrit la loi.

(2) Le système français consiste à avoir au Grand-Livre le compte de capital et les six comptes généraux. Le système italien, américain, allemand et anglais, c'est le Journal-Grand-Livre plus ou moins modifié, qui est presque entièrement abandonné par le commerce français à cause des inconvénients qu'il présente.

(3) Dans certains pays étrangers, la Comptabilité commerciale est appréciée à ce point, qu'il est interdit au commerçant de prendre un employé aux écritures, s'il n'est, au préalable, muni d'un certificat de capacité.

Dans l'intérêt du commerce français, il serait à désirer qu'on adoptât cette excellente mesure; il y aurait moins de

Jusqu'alors on avait à déplorer l'absence d'un ouvrage de Comptabilité commerciale qui fût à la portée de toutes les intelligences et de toutes les bourses ; aujourd'hui enfin, cette lacune est comblée.

Tous les commerçants, en sachant tant soit peu lire et écrire, pourront apprendre la Comptabilité commerciale en partie double, *en quelques heures*.

L'auteur ne s'est pas borné seulement à des changements insignifiants, il a compris que pour rendre la Comptabilité commerciale d'un usage général, il fallait une combinaison qui fût en harmonie avec le plan qu'il a conçu.

Le contrôle mathématique qu'il a créé répond de la manière la plus parfaite à toutes les exigences et à tous les besoins de cette nouvelle organisation.

Toutes les opérations du Brouillard ou des Livres auxiliaires sont forcément reportées en partie triple au Journal.

Chaque page du Journal doit se clore par un contrôle mathématique, c'est-à-dire qu'on ne peut la tourner sans qu'elle soit d'une exactitude irréprochable.

Lorsque le mois est fini, il ne faut pas non plus reporter les totaux en tête du mois suivant, ainsi qu'il est expliqué au folio 64.

Le 31 décembre de chaque année, qui est une époque si pénible pour les comptables et les commerçants, on n'a plus à additionner que la dernière page du Journal, à la récapitulation des mois de l'année ; balancer les comptes particuliers du Grand-Livre pour connaître le total des débiteurs et des créditeurs ; procéder ensuite à l'inventaire général qui termine les opérations de toute l'année, en donnant au commerçant la situation exacte de son actif et de son passif ; ce qu'il a de bénéfice ou de déficit.

Tous ces avantages sont dus à la disposition de ce Journal et à la combinaison d'écritures qui y est inhérente. Le contrôle, qui fait partie de ce Livre, joue un rôle extraordinairement important, en ce sens qu'il permet de classer immédiatement en partie double toutes les écritures tenues en partie simple. C'est ce qui fait que ce système de comptabilité est double, plus un contrôle, c'est-à-dire triple, qui se transforme naturellement, du 1er janvier au 31 décembre, en balance perpétuelle.

L'auteur a complété son œuvre par un grand nombre d'opérations complétement inédites : des opérations maritimes, d'armement et désarmement de navire, de comptes de vente et de courtage.

Cette comptabilité maritime, la seule qui existe, comble une lacune considérable qui sera vivement appréciée dans les ports de mer par les armateurs, les courtiers et les négociants en relations d'affaires pour les produits coloniaux. (Un beau volume in-4°, 14e édition, prix : 6 fr.)

*(Note des Editeurs.)*

victimes à déplorer et beaucoup plus de sécurité dans les affaires, attendu que la fraude dans les écritures deviendrait impossible. On obvierait à cette lacune en créant un jury dans chaque chef-lieu de département, d'arrondissement, voire même de canton, qui se réunirait, à cet effet, une ou deux fois par an. Ces fonctions seraient tout-à-fait honorifiques.

# COMPTABILITÉ COMMERCIALE

## DÉMOTIQUE

## EN PARTIE DOUBLE


PAR TACAILLE

AUTEUR D'OUVRAGES HISTORIQUES ET CLASSIQUES


## DES LIVRES A EMPLOYER

### LIVRE DE COMMANDE

Ce livre sert à inscrire toutes les commandes, au fur et à mesure qu'elles sont faites à la maison par les commettants. On donne à chacune d'elles un numéro d'ordre que l'on reproduit sur la lettre, afin de faciliter les recherches. Les maisons qui ont des articles tout fabriqués et qui expédient immédiatement n'ont pas besoin de ce Livre.

### BROUILLARD (1)

Sur ce Livre on inscrira pêle-mêle et jour par jour tout ce qui se fera dans la maison, c'est-à-dire, tout ce qui sera relatif à la vente, aux achats, à la manipulation des espèces, etc, pour de là être reporté par ordre au Journal démotique.

Ensuite, on extrait du Brouillard tous les comptes débiteurs et créditeurs des particuliers, pour les reporter *directement* au Grand-Livre.

### JOURNAL DÉMOTIQUE

Sur le Journal démotique on doit inscrire exactement jour par jour, sans rature ni surcharge, toutes les opérations de la maison. (Art. 8-17 du Code de commerce, et 586 loi sur les faillites.) Ce Livre doit être visé, coté et paraphé tous les ans par un juge du tribunal de commerce ; et, s'il n'y en a pas, par le maire ou l'adjoint de la localité. (Art. 10 et 11 du Code de commerce ) (2)

### GRAND-LIVRE

Sur le Grand-Livre doivent être inscrits, par comptes particuliers, tous les noms des commettants qui doivent à la maison et ceux auxquels la maison doit. A la fin de l'année, on balance

(1) Le Brouillard est un livre qui est réglé et cartonné. Il ne faut donc pas le confondre avec le cahier de notes, qui est formé d'une ou plusieurs mains de papier, comme on en voit dans beaucoup de maisons.

(2) Les livres de commerce régulièrement tenus sont seuls admis à faire preuve en justice. (Art. 12, 13 et 14 du Code de commerce.)

tous les comptes débiteurs et créditeurs non soldés (1) ; ensuite on les transcrit nominativement au Livre des inventaires ainsi que l'indique le f° 67; le total des débiteurs se reporte à l'actif et celui des créditeurs au passif.

Ainsi que je l'ai dit le *compte de capital* et les *six comptes généraux* ne figurent plus au Grand-Livre. Du Brouillard ou des Livres auxiliaires, on les reporte directement au Journal (2).

### LIVRE DE CAISSE

Sur ce Livre, on inscrit l'argent que la maison reçoit et l'argent qu'elle donne en payement. Il est tenu exactement comme le Journal, jour par jour, en suivant les prescriptions de la loi. (Art. 10 et 11 du Code de commerce.)

### LIVRE DES INVENTAIRES

Sur le Livre des inventaires que la loi prescrit de faire tous les ans, conformément à l'art. 9 du Code de commerce, on inscrit en détail toute la marchandise qui reste en magasin au moment de l'inventaire : le genre, la quantité et le prix.

La marchandise en bon état doit être cotée au prix de facture ou au cours du jour ; celle détériorée, ou dont la vente n'est pas courante, ne doit être estimée qu'à sa valeur intrinsèque.

On y inscrit aussi en détail tous les billets à payer ; les effets à recevoir ; la somme qui reste en caisse ; les meubles et immeubles ; les comptes débiteurs et créditeurs du Grand-Livre : en un mot, on détaille sur ce livre, par catégorie, tous les objets composant l'*actif* et le *passif*. (Voir l'inventaire détaillé au f° 18.)

Ce sont ces éléments qui composent l'inventaire général, d'où ressortent en masse l'*actif* et le *passif* bruts, convertis ensuite en capital net. (*Voir* au f° 67.)

Ce livre doit être coté et paraphé tous les ans de la même manière que le Journal. (Art. 10 et 11 du Code de commerce.)

Il doit en outre être certifié conforme et sincère, daté et signé par le commerçant. (*Voir* l'inventaire général, au f° 67.)

Le commerçant est tenu de faire tous les ans, sous seing privé, l'inventaire général de ses effets actifs et passifs. (Art. 9 du Code de Commerce.)

### COPIE DE LETTRES

Sur ce livre, on copie toutes les lettres adressées aux commettants ayant trait aux affaires commerciales, avec les dates, sans blancs ni transports. Ensuite on met en liasse toutes les lettres et les factures que la maison reçoit.

Aux termes de la loi, ces pièces doivent être conservées pendant dix ans.

### CARNET D'ÉCHÉANCES

Sur ce Livre, on inscrit, par numéro d'ordre, toutes les traites que la maison fait sur ses clients, et tous les effets qu'elle reçoit en payement. On écrit le nom du souscripteur, la date,

(1) Voir au Grand-Livre la balance des comptes particuliers, page 69.

(2) Je répète cette phrase avec intention, parce qu'elle est excessivement importante. En ne l'observant pas on en dénaturerait le mécanisme.

la somme, le lieu du payement, l'entrée et la sortie de chaque effet, et le nom de la personne qui le reçoit.

Un autre carnet reçoit également l'inscription des billets souscrits par la maison, et les mandats acceptés par elle, au profit de ses créanciers.

#### LIVRE D'ENTRÉE ET DE SORTIE DES MARCHANDISES

Ce Livre sert à inscrire d'abord le nom du négociant ou fabricant ; la quantité, l'espèce et le prix de la marchandise achetée et vendue. Elle doit être inscrite à l'entrée comme à la sortie au prix de facture seulement. Et, au moyen de la soustraction, on voit ce qui reste de marchandise en magasin. Ordinairement cette vérification ne peut s'obtenir d'une manière exacte que par certaines maisons de gros.

#### RÉPERTOIRE

On inscrit sur ce Livre, par lettre alphabétique, tous les noms des commettants qui ont des comptes particuliers ouverts au Grand-Livre. On ajoute à la suite de chaque nom, le folio du Grand-Livre sur lequel ce compte se trouve établi.

---

## RÈGLE GÉNÉRALE

Tous les livres d'une maison de commerce, sans exception aucune, doivent être scrupuleusement conservés pendant dix ans. (Livre 1er, titre 2, art. 11 du Code de commerce.)

---

## OBSERVATION

Dans certaines maisons de gros, il y a des articles spéciaux qu'il est nécessaire de subdiviser afin d'en mieux surveiller le mouvement. A cet effet, on peut ouvrir des comptes au Grand-Livre ou plutôt sur un registre à part, à tous les objets et à toutes les choses d'importance. C'est le moyen le plus facile de s'éclairer sur la gestion de ces articles qu'il importe de connaître d'une manière positive. Au moyen du compte de virement, on obtient tous ces renseignements.

Les comptes de liquidation de société, d'association en participation, à compte à demi, tiers ou quart, en consignation ou à commission, se tiennent comme tous les comptes inscrits au Grand-Livre, par débit et crédit, en suivant les règles ordinaires. (*Voir* au f° 76, le compte Carbonel.)

---

## DU JOURNAL DÉMOTIQUE

Le Journal démotique, tenu exactement jour par jour, tel qu'il est démontré dans ce traité, mettra le commerçant à même de se rendre compte approximativement de sa position tous les jours et en dix minutes.

A cet effet, toutes les fois qu'il y aura lieu de procéder à cette opération, c'est-à-dire de dresser son inventaire général ou bilan, il faudra avoir le soin d'ajouter à la colonne de marchandises générales, à l'entrée, 10, 15 ou 20 pour 100, selon le bénéfice que le chef de maison prélève sur la vente de sa marchandise. Supposons 10 pour 100.

S'il n'employait pas ce moyen, il serait obligé de faire l'inventaire détaillé de son magasin, en spécifiant le prix et l'espèce de chaque article, ce qui l'entraînerait aux lenteurs ordinaires. Cette manière d'inventorier n'a rigoureusement lieu qu'une fois par an.

| EXEMPLE. | MARCHANDISES GÉNÉRALES. | | | |
|---|---|---|---|---|
| | ENTRÉE c'est-à-dire ACHETÉ. | | SORTIE c'est-à-dire VENDU. | |
| Au dernier inventaire, il y avait en magasin pour | 50.000 | » | » | » |
| Depuis, il a été acheté pour | 60.000 | » | » | » |
| On a vendu pour | » | » | 110.000 | » |
| TOTAL | 110.000 | » | 110.000 | » |
| D'après ces chiffres, il n'y aurait plus de marchandises en magasin ; cependant, il doit y en avoir encore pour 10,000 francs, car celle qui a été vendue ne coûtait réellement que 100,000 francs, puisque nous supposons qu'il a été prélevé sur cette vente 10 pour 100 de bénéfices. | | | | |
| D'après ce qui précède, il faudra augmenter de 10 pour 100 le total des marchandises courantes restant en magasin, chaque fois que le chef de maison voudra connaître sa position approximative à l'aide du Journal démotique. | | | | |
| Or, 10 pour 100 sur 100,000 francs font bien | 10.000 | » | » | » |
| TOTAL GÉNÉRAL | 120.000 | » | 110.000 | » |
| Déduisons la marchandise vendue | 110.000 | » | » | » |
| Il restera en magasin pour | 10.000 | » | » | » |

Ce Journal démotique est le résumé complet de toutes les opérations qui se font dans une maison de commerce, quelle qu'elle soit. Il est impossible qu'une erreur puisse s'y glisser sans qu'elle soit immédiatement reconnue : parce que, tous les comptes individuels et généraux se contrôlent d'eux-mêmes, c'est-à-dire que chaque compte est balancé par un autre compte et *vice versâ*.

Il suffit, pour tenir ce Livre à jour, de s'en occuper quelques minutes tous les soirs. A cet effet, on réunit en masse toutes les opérations inscrites au Brouillard pour être reportées sur une seule ligne du Journal.

Au moment de l'inventaire général, les écritures se trouvent parfaitement classées et d'une exactitude rigoureuse. En moins d'une demi-heure on peut clore la balance générale, attendu, que le travail préparatoire a été fait insensiblement, jour par jour, jusqu'à la fin de l'année. Il n'est besoin pour cela que de faire l'addition des six comptes généraux ; ensuite, la soustraction d'une colonne par une autre colonne, tel qu'il est démontré à la récapitulation, page 66, et reporter le produit de chaque colonne à l'inventaire général. (*Voir* au f° 67.)

Ainsi disposé, chaque chef de maison peut dresser son inventaire général ou son bilan, sans le secours de personne. En tenant ce livre sous clef, il évitera, non-seulement les indiscrétions, mais il aura de plus, l'avantage de contrôler toutes les opérations de son commerce et de rectifier les erreurs, s'il y a lieu, lors même qu'il ne connaîtrait point la pratique de la Comptabilité commerciale en partie double.

La disposition des colonnes de ce livre, convertit immédiatement en partie double, toutes les écritures tenues en partie simple ou dans de mauvaises conditions.

Le Journal démotique rend un service immense au commerce et à l'industrie ; en un mot à tous les hommes qui ont dans le monde des intérêts de quelque importance à défendre ou à surveiller.

---

## DU COMPTE GÉNÉRAL RÉGULATEUR

(ANCIEN COMPTE DE PROFITS ET PERTES) (1)

Le compte général régulateur, quoique subdivisé en plusieurs catégories, ne forme cependant qu'un seul compte de son espèce ; il est constitué comme tous les autres comptes généraux, par *Débit* et *Crédit*, ce qui signifie : *Pertes* et *Profits* (2).

### DÉPENSES PERSONNELLES

Dans cette colonne il faut porter toutes les dépenses faites par le chef de maison ; soit pour son ménage, pour son compte particulier ou celui de sa famille ; soit encore pour l'entretien de ses propriétés, frais de procédure, visites de médecin, médicaments, éducation des enfants, dots faits à ces mêmes enfants ; nourriture des chevaux de luxe, frais de voitures ; domestiques, port d'armes, accessoires de chasse ; journaux et généralement toutes les dépenses faites, tant pour ses besoins que pour son agrément.

S'il y a un ou plusieurs associés, on ne portera absolument rien dans cette colonne, mais il sera indispensable d'ouvrir au Grand-Livre un compte particulier, au débit duquel on reportera l'argent prélevé et toutes les dépenses faites par chaque associé.

### FRAIS GÉNÉRAUX

Dans cette colonne on reportera toutes les dépenses faites pour l'exploitation de la maison de commerce.

Ainsi : ports de lettres, fournitures de bureau, factures et traites timbrées, appointements des employés et des garçons de magasin, loyer, assurance, chauffage et éclairage des bureaux et magasins, nourriture des chevaux et entretien des camions, frais de route des voyageurs,

(1) L'ancien compte général de Profits et Pertes était un titre impropre qui n'avait aucune signification rationelle dans l'espèce. Il n'a jamais servi et n'a jamais pu servir qu'à régulariser les comptes particuliers et les comptes généraux. Or, pourquoi donc ne lui avoir pas donné de suite, lors de la création des autres comptes généraux, le titre unique sous lequel il doit fonctionner : *Compte régulateur* ! ou simplement : *Régulateur*. Ce serait logique. Dorénavant on dira : au débit de régulateur, au crédit de régulateur, comme on disait autrefois : au débit de profits et pertes, au crédit de profits et pertes.

(2) Les Bénéfices ou les Pertes exprimés comme au f° 67 ne peuvent se produire que par l'ensemble des opérations ; c'est donc l'Inventaire général qu'il faut consulter pour connaître les Bénéfices et les Pertes d'une maison de commerce. C'est, en un mot, la différence des deux derniers Inventaires qui donne ce résultat.

courtage, factage, pourboire, patentes et contributions, et enfin toutes les dépenses nécessitées par l'établissement commercial.

#### PERTES

Dans cette colonne on portera toutes les pertes subies par la maison, telles que : débiteurs insolvables et en faillite ; baisse et dépréciation sur les actions et sur la marchandise, frais de négociation d'effets, frais d'escompte sur la marchandise, diminution et rabais sur les factures et enfin toutes les pertes subies par la maison.

#### PROFITS

Dans cette colonne on portera les bénéfices réalisés à la Bourse ; ceux provenant de transactions commerciales accidentelles, des comptes et des rabais provenant du réglement des comptes des fournisseurs de la maison, en un mot, tous les bénéfices réalisés d'une manière quelconque.

Le compte général *régulateur*, ainsi que je l'ai dit ailleurs, n'a d'autre rôle à jouer que celui de régulariser les opérations de la maison de commerce.

Lorsqu'une maison suspend ses payements ou tombe en faillite, les syndics désignés par le tribunal, doivent principalement fixer leur attention sur le compte *régulateur*, parce qu'il recèle ordinairement les secrets d'une gestion équivoque.

---

## PRÉLÈVEMENTS PAR LES ASSOCIÉS D'UNE MAISON DE COMMERCE.

Un acte de société a été passé entre trois commerçants pour exploiter en commun une maison de commerce.

Il a été stipulé dans cet acte que chaque associé aura le droit de prélever une somme de 3,000 fr, par an pour ses besoins particuliers. Il est bien entendu que chaque compte sera débité de la même somme.

A cet effet, et chaque fois qu'il y aura lieu de procéder à l'inventaire général, il faudra régulariser ces prélèvements de la manière suivante :

### BROUILLARD

| FOLIOS du Journal. | FOLIOS du Grand Livre. | NOMS DES PARTICULIERS et des comptes généraux. | DÉTAIL DES ARTICLES. | DÉBIT. | | CRÉDIT. | |
|---|---|---|---|---|---|---|---|
| 23 | 39 | DUVAL | 31 décembre 187. . **(Caisse et Pertes).** | | | | |
| | | | Perte résultant du prélèvement de son compte de levée. | » | » | 3.000 | » |
| 23 | 41 | BERTIN | » » | » | » | 3.000 | » |
| 13 | 58 | MANOURY | » » | » | » | 3.000 | » |

Chaque somme de 3,000 fr. sera reportée au Journal, dans la colonne : *Pertes* (1re somme), et 3,000 fr. dans la colonne : *Créditeurs auxquels la maison doit* (2e somme).

De cette manière, les comptes particuliers des associés se trouveront soldés au Grand-Livre.

## MODÈLE D'EFFETS DE COMMERCE

### BILLET A ORDRE

MARSEILLE, le 15 janvier 1871, *B. P. F.* 500.

Au premier juillet prochain, je paierai à l'ordre de MM. J. Delalain et fils, libraires-éditeurs, rue de la Sorbonne, n° 5, à Paris, la somme de cinq cents francs pour solde (1) de leur facture du 30 décembre dernier.

V^e^ CAMOENS.
*Libraire sur la Canebière,*
A MARSEILLE.

### TRAITE OU MANDAT

PARIS, le 5 février 1871, *B. P. F.* 2,000 »

A quatre jours de vue, vous voudrez bien payer contre ce présent mandat, à mon ordre, la somme de deux mille francs, à valoir sur votre compte général, suivant ma lettre d'avis de ce jour.

LEPRINCE,
*Boulevard Sébastopol, n° 46.*

*A M.* QUESNEL
*Négociant et armateur,*
AU HAVRE.

### ACCEPTATION DU MANDAT (2)

PARIS, le 12 avril 1871, *B. B. F.* 1,000 »

Au 30 juin prochain, il vous plaira payer contre ce présent mandat à mon ordre, la somme de mille francs, pour solde de votre compte courant et d'intérêts arrêté ce jour, conformément à ma lettre du 10 de ce mois.

Bon pour acceptation,
*Signé* : BRAHEIX.

A M. BRAHEIX, armateur,
rue du Calvaire, n° 1, à Nantes.

LEPRINCE
Boulevard Sébastopol, n° 46.

(1) Valeur reçue en espèces, ou valeur en compte, ou pour solde de votre compte général jusqu'à ce jour.
(2) Voir au f° 29 le renvoi (1).

*Il ne faut jamais oublier que chaque élève représente sa maison, et qu'il doit toujours parler en son nom.*

## QUESTIONS PRÉLIMINAIRES

### QU'IL FAUT FAIRE APPRENDRE PAR COEUR AUX ÉLÈVES

*Dem.* — Qu'est-ce qu'un débiteur ?

*Rép.* — Un débiteur, est celui qui doit à ma maison.

*Dem.* — Dans quelle circonstance devient-on débiteur de votre maison ?

*Rép.* — C'est quand ma maison a fourni et livré n'importe quoi, soit de la marchandise, de l'argent, des effets du portefeuille ou tout autre chose.

*Dem.* — Qu'est-ce qu'un créditeur ?

*Rép.* — Un créditeur est celui auquel ma maison doit.

*Dem.* — Dans quelle circonstance est-on créditeur de votre maison ?

*Rép.* — C'est quand on a fourni et livré à ma maison n'importe quoi ; tel que de la marchandise, de l'argent, des effets de portefeuille ou toute autre chose.

De ce qui précède, il résulte que : tout ce qui sort de la maison doit être payé immédiatement par celui qui a reçu vos articles ; dans le cas contraire, on ouvre au Grand-Livre, un compte à cet individu qui se nomme Bastien, qui devient par ce seul fait le client de votre maison, et vous portez dans la colonne : *débiteurs qui doivent à votre maison*, la somme de 400 fr. montant des articles qui lui ont été livrés le jour même.

Le créditeur, c'est tout le contraire. M. Dufour, négociant, a fourni et livré à votre maison divers articles qui lui sont indispensables pour alimenter son commerce, et dont la facture s'élève à 600 fr. Alors, vous lui ouvrez un compte au Grand-Livre et vous portez dans la colonne : *créditeurs auxquels votre maison doit*, cette somme de 600 fr.

Bastien est débiteur de 400 fr. dites vous ? Oui, mais le jour où il viendra vous payer ces 400 fr., il devient créditeur. Vous chercherez son compte au Grand-Livre, et vous porterez dans la colonne : *créditeurs auxquels votre maison doit* cette même somme de 400 fr. Or, lorsque le débit est égal au crédit, c'est un compte soldé.

M. Dufour est créditeur de 600 fr. dites-vous ? Oui encore, mais seulement jusqu'au jour où vous lui réglerez cette somme. Ce jour-là, vous chercherez également son compte au Grand-Livre, et vous porterez dans la colonne : *Débiteurs qui doivent à votre maison*, cette somme de 600 fr. Le débit étant égal au crédit, ce sera encore un compte soldé.

## INVENTAIRE DÉTAILLÉ

DE MES EFFETS ACTIFS ET PASSIFS A L'ÉPOQUE DU 31 DÉCEMBRE 1870

*Conformément à l'article 4 du Code de commerce.*

| **Marchandises en Magasin.** | | **Sommes.** |
|---|---|---|
| 40 barriques vin de Bordeaux, à 200 fr. | 8,000 » | |
| 30 barriques vin de Médoc, à 400 fr. | 12,000 » | |
| 20 pièces de vin de Beaune, à 300 fr. | 6,000 » | |
| 10 pièces d'eau-de-vie de Cognac, à 500 fr. | 5,000 » | |
| 4 pièces d'eau-de-vie de Montpellier, à 400 fr. | 1,600 » | |
| 8 hectolitres d'eau-de-vie fine champagne, à 500 fr. | 4,000 » | |
| 12 hectolitres trois-six de Narbonne, à 80 fr. | 960 » | 80,000 » |
| 6,400 kil. café Bourbon et Moka mélangés, à 300 fr. | 1,9200 » | |
| 8,000 kil. sucre de betteraves, à 120 fr. | 9,600 » | |
| 400 mèt. drap noir de Sedan, à 15 fr. | 6,000 » | |
| 200 mèt. drap bleu d'Elbeuf, à 12 fr. | 2,400 » | |
| 260 mèt. velours soie noire, à 14 fr. | 3,640 » | |
| 200 mèt. soie noire cuite à 10 fr. | 2,000 » | |
| **Caisse.** | | |
| Espèces en caisse à titre d'apport commercial. | | 20,000 » |
| **Effets à recevoir en portefeuille.** | | |
| L'effet Pierson à mon o/ au 25 janvier prochain. | 5,400 » | |
| L'effet Chevrel à mon o/ au 30 janvier prochain. | 4,600 » | 10,000 » |
| **Meubles et immeubles.** | | |
| Une maison sise à Tours, rue Royale, n° 20, estimée. | | 30 000 » |
| Total de l'actif. | | 140,000 » |
| **Billets à payer.** | | |
| Mon B/ o/ Simonin au 25 janvier prochain. | 6,000 » | |
| Mon B/ o/ Denis au 30 janvier prochain. | 4,000 » | 10,000 » |
| Passif déduit de l'actif, capital net. | | 130,000 » |

Certifié sincère et véritable le présent inventaire détaillé, fait à Paris le 31 décembre 1870.

Signé : LEPRINCE,

*Négociant et commissionnaire en marchandises,*

Boulevard Sébastopol, n° 46.

# BROUILLARD

| FOLIOS du journal démotique | FOLIOS du Grand-Livre | NOMS DES PARTICULIERS et des COMPTES GÉNÉRAUX. | DÉTAIL DES ARTICLES. | DÉBIT. | | CRÉDIT. | |
|---|---|---|---|---|---|---|---|
| | | | **INVENTAIRE GÉNÉRAL (1)** **DE MES EFFETS ACTIFS ET PASSIFS** A L'ÉPOQUE DU 31 DÉCEMBRE 1870 **Conformément à l'article 4 du Code de Commerce** | | | | |
| 44 | » | **ACTIF . . . .** | Marchandises générales . . . . . . . . . . . . . . | | | 80,000 | » |
| | | | Espèces en caisse . . . . . . . . . . . . . . . . | | | 20,000 | » |
| | | | Effets à recevoir . . . . . . . . . . . . . . . . | | | 10,000 | » |
| | | | Meubles et immeubles . . . . . . . . . . . . . . | | | 30,000 | » |
| | | | Débiteurs divers . . . . . . . . . . . . . . . . | | | » | » |
| | | | TOTAL DE L'ACTIF. . . . . . | | | 140,000 | » |
| 44 | » | **PASSIF . . .** | Billets à payer . . . . . . . . . . . . . . 10,000 » | | | 10,000 | » |
| | | | Créditeurs divers . . . . . . . . . . . . . » | | | » | » |
| | | | PASSIF DÉDUIT DE L'ACTIF, CAPITAL NET. . . . . | | | 130,000 | » |

Certifié sincère et véritable le présent inventaire général, fait à Paris, le 31 décembre 1870.

LEPRINCE,
*négociant et commissionnaire en marchandises,*
Boulevard Sébastopol n° 46.

**Pour copie conforme :**

*Le Comptable de la maison* LEPRINCE,
CHAVANNES aîné.

(1) Cet Inventaire général se trouve détaillé article par article au Livre des Inventaires que la loi prescrit. *(Voir au f° 18.)*

| FOLIOS du Journal démotique. | FOLIOS du Grand-Livre. | NOMS DES PARTICULIERS et des COMPTES GÉNÉRAUX. | DÉTAIL DES ARTICLES. | | DÉBIT. | CRÉDIT. |
|---|---|---|---|---|---|---|
| | | | 1er JANVIER 1871. | | | |
| 44 | 69 | DUVAL. | (**Marchandises**) (1)<br>VENDU : (2. 4 pièces de vin de Médoc à 400 fr...<br>1 Pièce de vin de Beaune........<br>1 Pièce de Cognac.... ........... | <br>1,600 »<br>600 »<br>300 » | 2,500 » | |
| | | | 2 JANVIER. | | | |
| 44 | 69 | DE LASALLE. | (**Marchandises**)<br>VENDU : 1400 kil. sucre des colonies à 120 fr....<br>300 kil. café Bourbon à 360 fr........ | <br>1,680 »<br>1,080 » | 2,760 » | |
| | | | 3 JANVIER. | | | |
| 44 | 70 | BOUILLET. | (**Marchandises**)<br>VENDU : 40 mètres drap noir de Sedan à 20 fr...<br>80 mètres velours soie noire unie à 18 fr. | <br>800 »<br>1,440 » | 2,240 » | |
| | | | 4 JANVIER. | | | |
| 44 | 78 | RISPAL ET Cie. | (**Marchandises**)<br>VENDU : 2000 kil. fer rond de 6 à 60 fr.........<br>400 kil. fer plat de 10/2 à 50 fr....... | <br>1,200 »<br>200 » | 1,400 » | |
| | | | 5 JANVIER. | | | |
| 44 | 71 | DARGENT. | (**Marchandises**)<br>VENDU : 1 Journal démotique de 600 fos garni en cuivre<br>1 Brouillard, 600 fos imprimé garni en cuivre.<br>1 Grand-livre, 600 fos impr. garni en cuivre.<br>1 Volume de comptabilité commerciale..... | <br>50 »<br>50 »<br>50 »<br>6 » | 156 » | |
| | | | 6 JANVIER. | | | |
| 44 | 72 | MARAINE et Cie | (**Marchandises**)<br>VENDU : 1800 kil. cuir fort de Russie à 400 fr...... ....... | | 7,200 » | |
| | | | 7 JANVIER. | | | |
| 44 | 73 | BLONDEL. | (**Marchandises**)<br>VENDU : 4 registres 300 fos imprimés garnis en cuivre à 60 fr. | | 240 » | |

MÉCANISME : Tous les articles du Brouillard ou des Livres auxiliaires, quels qu'ils soient, sont directement reportés au Journal. Ensuite on reporte du Brouillard au Grand-Livre, tous les comptes particuliers. D'après le systèue démotique, le Grand-Livre est exclusivement réservé aux comptes particuliers, c'est-à-dire qu'il est destiné aux débiteurs et créditeurs seulement. Le capital et les six comptes généraux ne figurent plus sur ce registre, par la raison qu'ils font spécialement partie du Journal.

Nota. — Il ne faut pas additionner les colonnes débit et crédit du Brouillard, parce qu'elles le sont au Journal.

(1) Pour livrer ces 2,500 fr. de marchandise à M. Duval, il faut la faire sortir du magasin. Mais où est-il ce magasin ? On le trouve au Journal, au fo 44. On lui ouvrira ensuite un compte au Grand-Livre, au fo 69, et on portera dans la colonne : *Débiteurs qui doivent à la maison*, les 2,500 fr. qu'il doit à la maison. Si vous me demandez ce que c'est qu'un débiteur ? Je repondrai : c'est un individu qui devient votre client par le seul fait que votre maison lui a fourni certains articles de son commerce et qui n'ont point été soldés par lui au moment de la livraison. C'est aussi pourquoi vous lui avez ouvert un compte au Grand-Livre.

| FOLIOS du Journal démotique. | FOLIOS du Grand-Livre. | NOMS des particuliers et des comptes généraux. | DÉTAIL DES ARTICLES. | DÉBIT. | | CRÉDIT. | |
|---|---|---|---|---|---|---|---|
| | | | 8 Janvier 1871 | | | | |
| 44 | 73 | BROUARD. | **(Marchandises)** (1)<br>Acheté : 200 mètres soie noire unie à 10 fr................ | » | » | 2,000 | » |
| | | | 10 Janvier. | | | | |
| 44 | 74 | PREMPAIN. | **(Marchandises)**<br>Vendu : 600 mètres toile de Bretagne à 1 50.... 900 »<br>50 mètres drap bleu d'Elbeuf à 12 fr... 600 » | 1,500 | » | | |
| | | | 12 Janvier. | | | | |
| 44 | 75 | MARTEL. | **(Marchandises)**<br>Vendu : 120 cahiers de comptabilité à 4 fr...... 480 »<br>30 volumes de comptabilité à 6 fr... 180 » | 660 | » | | |
| | | | 14 Janvier. | | | | |
| 44 | 75 | AUBERTIN. | **(Marchandises)**<br>Vendu : 1 montre en or ciselé avec sa chaîne... 800 »<br>1 pendule en bronze doré, sujet riche.. 400 » | 1,200 | » | | |
| | | | 15 Janvier. | | | | |
| 44 | 76 | DEMOULIN. | **(Marchandises)**<br>Vendu : 40 mètres satin noir uni à 15 fr ....... 600 »<br>1 bague en or montée en diamant..... 400 » | 1,000 | » | | |
| | | | 16 Janvier. | | | | |
| 44 | 77 | LEBRUN. | **(Marchandises)**<br>Vendu : 20 douzaines gants fil d'écosse à 18 fr.. 360 »<br>10 douzaines gants de chevreau à 33 fr. 330 » | 690 | » | | |
| | | | 17 Janvier | | | | |
| 44 | 71 | LERICHE. | **(Marchandises)**<br>Vendu : 4 pièces de vin de Beaune à 200 fr................ | 800 | » | | |
| | | | 18 Janvier. | | | | |
| 44 | 71 | LESPINASSE. | **(Marchandises.)**<br>Vendu : 2 hect. cognac de 1860 à 340 fr.................. | 680 | » | | |

(1) Acheté : signifie que votre maison a acheté pour 2,000 fr. de marchandise à M. Brouard, qui devient par ce fait, créditeur de votre maison, attendu qu'elle ne sera payée à M. Brouard que dans quelques mois. Il faut donc faire entrer cette marchandise dans votre magasin, qui est au Journal, au f° 44, ensuite, vous ouvrez à Brouard un compte au Grand-Livre, au f° 73, et vous portez dans la colonne *Créditeurs auxquels la maison doit*, la somme de 2.000 fr. Le créditeur, on le sait déjà, est celui qui a fourni à votre maison quoi que ce soit, pour les besoins de son commerce, soit de la marchandise, de l'argent, ou enfin tout autre chose.

| FOLIOS du journal démo-tique. | FOLIOS du Grand-Livre. | NOMS DES PARTICULIERS et des COMPTES GÉNÉRAUX. | DÉTAIL DES ARTICLES. | DÉBIT. | CRÉDIT. |
|---|---|---|---|---|---|
| | | | 20 JANVIER 1871. | | |
| 44 | » | MARCHANDISE. | (**Caisse**) (1)<br>Recette du jour.......................................... | 6,000 » | 6,000 » |
| | | | 21 JANVIER. | | |
| 44 | » | RÉGULATEUR. | (**Caisse et dépenses personnelles**) (2)<br>PAYÉ : la note du boucher et du boulanger......... 120 »<br>assurance et contributions de mes propriétés.. 60 »<br>Gages de la cuisinière et du domestique..... 80 »<br>Payé au tailleur et au bottier.................. 70 »<br>Payé au collége de France la pension de mon fils... 200 »<br>Payé aux Sœurs de Picpus la pension de ma fille.... 150 »<br>Payé la note de la modiste et de la couturière ..... 40 »<br>diverses petites dépenses pour ma famille.... 30 »<br>*(Voir au folio 14 le compte régulateur).* | 750 » | 750 » |
| | | | 22 JANVIER. | | |
| 44 | 72 | BONS. | (**Marchandises**)<br>VENDU : 400 kil. café Bourbon à 320 fr.................... | 1,280 » | |
| | | | 23 JANVIER. | | |
| 44 | 72 | COLLIN. | (**Marchandises**)<br>VENDU. 4 services de toile damassé, à 60 fr.... 240 »<br>40 mètres mérinos noir de Reims, à 10 fr 400 » | 640 » | |
| | | | 24 JANVIER. | | |
| 44 | 73 | VOISIN. | (**Marchandises**)<br>VENDU : 120 mètres indienne pour rideaux à 2 fr. 40....... | 288 » | |

(1) RECETTE DU JOUR : signifie toutes les ventes faites au comptant le même jour. Vous livrez votre marchandise d'une main, et de l'autre vous recevez le montant des articles que vous venez de vendre au public. Pourquoi ouvre-t-on des comptes particuliers au Grand-Livre ? C'est pour y inscrire le nom d'un particulier, qui est venu acheter à votre maison, je suppose pour 300 fr. de marchandise qu'il n'a pas payée le jour même. Afin de vous rappeler que tel individu doit cette somme de 300 fr. à votre maison, vous l'inscrivez sur ce registre. Trois ou quatre mois plus tard, vous invitez votre client à régler cette somme et s'il ne vient pas de bonne volonté, vous le poursuivez devant le tribunal de commerce qui le condamne, selon la loi, à vous solder cette créance dans les 48 heures. C'est ce qui s'appelle donner une sommation. Si elle ne suffit pas, vous continuez les poursuites selon les règles du Code de commerce.

Il n'en est pas de même pour les ventes au comptant ; cependant il est indispensable d'écrire cette opération pour faire connaître les mutations des comptes généraux ; la partie double étant la justification des opérations. Voilà 6,000 fr. de marchandise sortie de votre magasin ; qu'est-elle devenue ? Si elle est payée, l'argent entrera dans la caisse ; si elle ne l'est pas, vous direz au Journal et au Grand-Livre le nom des individus auxquels elle a été livrée. Mécanisme : D. Où est passée cette marchandise ? (1re somme). R. Dans la caisse. (2e somme.) Maintenant, retournez la question, et demandez à l'élève d'où provient cette somme de 6,000 fr. (1re somme) R. de la marchandise sortie du magasin. (2e somme). Au contrôle : entrée et sortie, ou débit et crédit. Quel est le compte général débiteur ? C'est la caisse. Quel est le compte général créditeur ? C'est le magasin. En effet, les comptes généraux sont débités ou crédités comme les comptes particuliers, seulement, le débit d'un compte général fait le crédit d'un compte particulier et le crédit d'un compte général fait le débit d'un compte particulier.

(2) L'ancien compte général de Profits et Pertes n'était évidemment qu'un compte régulateur : Le débit a été créé pour justifier toutes les dépenses de la famille et celles nécessitées pour faire marcher l'établissement commercial. Le crédit, pour justifier tous les bénéfices prélevés par la maison.

Aux termes des art. 586 à 592 du Code de commerce, le commerçant qui aura fait des dépenses personnelles excessives, dépassant notablement les bénéfices réalisés par sa maison, sera réputé banqueroutier simple et poursuivi comme tel.

| FOLIOS du Journal démotique. | FOLIOS du Grand-Livre. | NOMS DES PARTICULIERS et des COMPTES GÉNÉRAUX. | DÉTAIL DES ARTICLES. | DÉBIT. | | CRÉDIT. | |
|---|---|---|---|---|---|---|---|
| | | | 25 JANVIER 1871. | | | | |
| 46 | » | RÉGULATEUR | **(Caisse et frais généraux)** (1) | | | | |
| | | | PAYÉ : 6 mois de loyer ........................ 500 » | | | | |
| | | | contributions et patentes.......... .... 100 » | | | | |
| | | | assurance maritime et contre l'incendie... 30 » | | | | |
| | | | timbres-poste et fournitures de bureau... 70 » | 1,000 | » | 1,000 | » |
| | | | papier timbré, factures et circulaires . ... 40 » | | | | |
| | | | appointements des employés courtage.. . 160 » | | | | |
| | | | nourriture et entretien des chevaux...... 100 » | | | | |
| | | | (*Voir au folio 14 le compte général Régulateur.*) | | | | |
| 46 | » | EFFETS A RECEVOIR. | **(Caisse)** (2) | | | | |
| | | | Encaissement de l'effet Pierson, échu ce jour...... ...... .. | 5,400 | » | 5,400 | » |
| 46 | » | BILLETS A PAYER. | **(Caisse)** (3) | | | | |
| | | | Acquit de *mon* 1/0/ Simonin, échu ce jour................ | 6,000 | » | 6,000 | » |

(1) Sans le compte général Régulateur, il serait impossible d'avoir des écritures régulières; ensuite, le négociant puisant sans discernement dans sa caisse pour subvenir aux besoins de sa famille et de sa maison de commerce, se trouverait bientôt aux prises avec les art. 586 à 592 du Code de commerce. La loi est positive; car elle prescrit formellement au commerçant de limiter les dépenses au niveau des bénéfices de son établissement. Comment alors éviterait-on cet écueil, si ce compte général n'existait pas. En le consultant de temps en temps, on est fixé sur ce point, si délicat et si important au point de l'honneur et de la sécurité.

Je continue : Vous prenez mille francs dans la caisse (1re somme). Pourquoi? Pour payer des frais généraux (2e somme). Au Journal, la caisse est créditée et le compte Régulateur est débité au contrôle, on porte mille francs au débit et mille francs au crédit. Au Grand-Livre de ce même Journal? Rien.

(2) L'année dernière, le 25 octobre 1870, votre maison a livré de la marchandise s'élevant à 5,400 francs à un des clients nommé Pierson. Comme d'habitude, on a fait sortir cette marchandise du magasin (1re somme) et vous avez porté à son compte au Grand-Livre dans la colonne : *Débiteurs qui doivent à votre maison*, le montant de sa facture : 5,400 *fr.* (2e somme).

Cette livraison n'ayant pas été payée en espèces le jour même, M. Pierson vous a fait un billet à votre ordre de 5,400 *fr.* payable trois mois après, le 25 janvier suivant.

Ce billet est une promesse écrite sur papier timbré par M. Pierson, de payer à votre maison le 25 janvier ladite somme de 5,400 fr. Cette promesse étant reconnue et autorisée par la loi, vous avez mis ce billet, mais qui est un effet pour vous, dans votre portefeuille, à l'entrée du compte général : Effets à recevoir, (1re somme) et au Grand-Livre, 5,400 francs dans la colonne : *Créditeurs auxquels votre maison doit* (2e somme). Aujourd'hui cette promesse est exactement remplie, car elle s'est transformée en espèces. Vous faites sortir l'effet de votre portefeuille pour le rendre à M. Pierson (1re somme) et vous mettez dans votre caisse ces 5,400 francs qu'il vous a remis (2e somme). Il n'y a donc plus à y revenir, car le compte de M. Pierson est bien définitivement soldé.

(3) L'année dernière, le 25 octobre 1870, M. Simonin a fourni et livré à votre maison pour 6,000 francs de marchandise que vous avez fait entrer dans votre magasin (1re somme). Cette livraison n'ayant point été soldée, votre maison a ouvert au Grand-Livre un compte à M. Simonin, et on a porté ces 6,000 francs dans la colonne : *Créditeurs auxquels la maison doit* (2e somme). Cette fourniture n'ayant point été payée en espèces le jour même, votre maison a fait un billet à l'ordre de M. Simonin de 6,000 fr. payable trois mois après, le 25 janvier suivant. Ce billet est une promesse écrite sur papier timbré, par votre maison, de payer à M. Simonin le 25 janvier ladite somme de 6,000 francs. Du Brouillard, alors vous avez reporté au Journal, au compte général, Billets à payer dans la colonne : Sortie mis en circulation, la somme de 6,000 francs, (1re somme), et au Grand-Livre, dans la colonne : *Débiteurs qui doivent à la maison*, ces mêmes 6,000 francs (2e somme). Aujourd'hui, jour de l'échéance, M. Simonin se présente pour cet encaissement. Vous faites donc sortir 6,000 francs de la caisse. (1re somme). Pourquoi? Pour acquitter un billet de 6,000 francs à l'échéance (2e somme). la caisse est créditée, et le compte de billets à payer, est débité. Au contrôle : 6,000 francs au débit et 6,000 francs au crédit. Au Grand-Livre : Rien! Voilà encore un compte soldé.

| FOLIOS du journal démo-tique. | FOLIOS du Grand-Livre. | NOMS DES PARTICULIERS et des COMPTES GÉNÉRAUX. | DÉTAIL DES ARTICLES. | DÉBIT. | | CRÉDIT. | |
|---|---|---|---|---|---|---|---|
| | | | 26 JANVIER 1871. | | | | |
| 46 | 69 | DUVAL. | **(Marchandises)**<br>VENDU : 12 hect. 3/6 de Narbonne à 70 fr.................<br>*Valeur 15 février.* | 8,400 | » | | |
| 46 | 72 | MARAINE et C^ie | **(Marchandises.)**<br>VENDU : 600 kil. cuir fort de Givet à 300 fr................ | 1,800 | » | | |
| 46 | 73 | BLONDEL. | **(Marchandises.)**<br>VENDU : 400 mètres toile de Courtrai à 2 fr...... 800 »<br>4 services de table en toile de lin à 60 fr. 240 » | 1,040 | » | | |
| | | | 27 JANVIER. | | | | |
| 46 | 71 | DARGENT. | **(Marchandises.)**<br>VENDU : 800 mètres percale fine à 1 fr. 10................. | 880 | » | | |
| 46 | 70 | BOUILLET. | **(Marchandises.)**<br>VENDU : 1 hect. absinthe suisse.............. 200 »<br>1 fût d'eau-de-vie de Montpellier....... 180 » | 380 | » | | |
| | | | 28 JANVIER. | | | | |
| 46 | 70 | RISPAL ET C^ie. | **(Marchandises.)**<br>VENDU : 400 kil. acier à ressort anglais à 200 fr............ | 800 | » | | |
| 46 | 69 | DE LASALLE. | **(Marchandises.)**<br>VENDU : 120 mètres drap noir Sédan à 20 fr................ | 2,400 | » | | |
| 46 | 73 | BROUARD. | **(Marchandises.)**<br>ACHETÉ : 45 mètres velours soie noire à 20 fr............ | » | » | 900 | » |
| | | | 29 JANVIER. | | | | |
| 46 | 74 | PREMPAIN. | **(Marchandises.)**<br>VENDU : 20 vol. de comptabilité commerciale à 5 fr. 150 »<br>120 cahiers complets de comptabilité à 3 fr. 360 » | 510 | » | | |
| 46 | 75 | AUBERTIN. | **(Marchandises.)**<br>VENDU : 600 kil. chocolat fin à 2 fr.................... | 1,200 | » | | |

| FOLIOS du journal démo-tique. | FOLIOS du Grand-Livre. | NOMS DES PARTICULIERS et des COMPTES GÉNÉRAUX. | DÉTAIL DES ARTICLES. | DÉBIT. | | CRÉDIT. | |
|---|---|---|---|---|---|---|---|
| | | | 30 JANVIER 1871. | | | | |
| 46 | 69 | DUVAL. | **(Caisse.)** (1)<br>*Sa* remise espèces........................ 2,736 »<br>**(Pertes.)**<br>Escompte 6 o/o sur 2,900 fr.................. 164 » | » | » | 2,900 | » |
| 46 | 73 | BROUARD. | **(Caisse.)** (2)<br>*Ma* remise espèces............................ 380 »<br>**(Profits.)**<br>Escompte 5 o/o sur 400 fr...................... 20 »<br>**(Billets à payer.)** *Voir au f° 24, le renvoi* (3).<br>*Mon* B/ à son O/ au 25 février prochain........ 500 » | 900 | » | » | » |
| 46 | » | EFFETS A RECEVOIR. | **(Caisse.)** (*Voir le renvoi* (2) *au folio* 24.)<br>Encaissement de l'effet Chevrel, échu ce jour............. | 4,600 | » | 4,600 | » |
| 46 | » | BILLETS A PAYER. | **(Caisse.)** (*Voir le renvoi* (3) *au folio* 24.)<br>Acquit de *mon* B/ O/ Denis, échu ce jour.................. | 4,000 | » | 4,000 | » |
| | | | 31 JANVIER. | | | | |
| 46 | 75 | AUBERTIN. | **(Marchandises.)**<br>VENDU : 1 pièce d'huile d'olive, pesant net, 200 kil. à 2 fr.... | 400 | » | » | » |

(1) En consultant le Grand-Livre on voit que M. Duval, votre client doit à votre maison 10,900 francs. Il est d'usage dans votre maison de commerce, de faire à sa clientèle trois mois de crédit, et 6 0/0 d'escompte au comptant. Les clients qui viendront payer ou donner des à-compte dans le premier mois de la vente, auront également droit à cet escompte. C'est pourquoi M. Duval qui a quelques fonds à sa disposition, s'empresse de profiter des avantages qui lui sont offerts. N'ayant pas 10,900 francs à donner, il remet ce qu'il possède aujourd'hui, c'est-à-dire 2,900 francs à valoir sur son compte général. A cet effet, il pose sur le comptoir 2,900 fr. puis il retire de cette somme, les 164 francs formant son escompte et les met dans sa poche. Il ne reste donc à la maison que 2,736 francs en espèces quelle mettra dans la caisse, plus les 164 francs d'escompte qu'elle portera dans la colonne Pertes, ces deux débits forment ensemble un total de 2,900 francs composant la (1re somme). Au même Journal dans la colonne : *Créditeurs auxquels la maison doit*, on reportera la somme totale de 2,900 francs, (2e somme). Au contrôle : 2,900 francs dans la colonne : *Entrée*, attendu qu'il faut réunir les deux sommes pour n'en faire qu'une seule. C'est évident, si on ne créditait M. Duval que de 2,736 francs, il s'ensuivrait que ce compte resterait toujours en souffrance puisqu'il serait impossible de le solder. On reconnaît un compte soldé lorsque le débit est égal au crédit. Je répète encore ici, que le débit d'un compte général fait le crédit d'un compte particulier, et le crédit d'un compte général fait le débit d'un compte particulier.

(2) Tout le monde sait que M. Brouard, négociant à Sancerre (Cher), fait à sa clientèle trois mois de crédit, et 5 0/0 d'escompte, lorsque les clients payent immédiatement en espèces ou dans le premier mois de la vente. Il convient à votre maison de donner aujourd'hui un à-compte de 900 francs à valoir sur son compte général qui est de 2,900 francs. Mais comme elle ne dispose en ce moment que de 400 francs en espèces, elle n'a droit à un escompte que sur cette somme. Or, au lieu de verser 400 francs, elle n'en donne que 380. Les 20 francs de différence de 380 à 400 francs sont acquis à la maison à titre de : Profits, et constituent une perte pour M. Brouard, puisqu'il ne touche que 380 fr. au lieu de 400. Vous faites sortir de la caisse 380 francs, vous reportez 20 francs au crédit de Régulateur, dans la colonne : *Profits*, ce qui fait déjà 400. Un billet de 500 fr. que vous reportez au crédit du compte général de Billets à payer dans la colonne : *Sortie*, mis en circulation (1re somme). Additionnez les trois crédits de ces comptes généraux qui donnent 900 francs, vous les reportez ensuite au Grand-Livre, dans la colonne : *Débiteurs qui doivent à la maison* (2e somme), et 900 fr. dans la colonne ; sortie du contrôle.

| FOLIOS du journal démo-tique. | FOLIOS du Grand-Livre. | NOMS des particuliers et des comptes généraux. | DÉTAIL DES ARTICLES. | DÉBIT. | | CRÉDIT. | |
|---|---|---|---|---|---|---|---|
| | | | 1er Février 1871, | | | | |
| 48 | 69 | BICHOFFE. | **(Meubles et Immeubles.)**<br>Vendu : une maison composée de 4 étages, entre cour et jardin avec toutes ses dépendances, située rue Royale nº 20 à Tours, en vertu d'un contrat passé chez Me Hainglaise, notaire audit lieu, payable aux clauses et conditions stipulées dans l'acte, au prix de...... ...................... | 30,000 | » | » | » |
| | | | 2 Février. | | | | |
| 48 | 70 | RISPAL ET Cie. | **(Effets à recevoir.)** (1)<br>*Ma* traite sur lui au 5 mai prochain.............. ....... | » | » | 1,000 | » |
| 48 | 70 | PRÉVEL. | **(Marchandises.)**<br>Vendu : 80 barriques de goudron à 40 fr.... ............. | 3,200 | » | » | » |
| | | | **(Effets à recevoir.)**<br>*Ma* traite sur lui au 20 courant..... ........... ......... | » | » | 3,200 | » |
| 48 | 73 | VOISIN. | **(Marchandises.)**<br>Vendu : 2 barriques de vin de Médoc à 400 fr... 800 »<br>1 pièce de vin de Beaune de 1868....... 600 » | 1,400 | » | | |
| | | | 3 Février. | | | | |
| 48 | 73 | COLLIN. | **(Marchandises.)**<br>Vendu : 100 mèt. toile pour draps de lit à 2 fr. 40. 240 »<br>80 mèt. toile pour chemise à 2 fr. 75 .... 220 » | 460 | » | | |

(1) Jusqu'à ce jour, M. Rispal doit à votre maison 2,200 francs. Ayant beaucoup à payer à la fin du mois, vous lui écrivez pour le prévenir, que vous allez tirer sur lui de 1,000 fr. au 5 mai prochain et que, plus tard, vous ferez une autre traite qui soldera le reste de son compte général. Bien qu'on fasse entrer dans le portefeuille les traites aussi bien que les billets, il n'en est pas moins vrai qu'il y a entre eux une énorme différence. Exemple : Si M. Rispal eût fait à votre maison un billet de 1,000 fr. au 5 mai ainsi conçu : « Au 5 mai prochain, je payerai à l'ordre de.... (votre maison) la somme de mille francs.... il n'aurait pas de prétexte pour répondre au garçon de recette qui se présente chez lui à l'échéance pour encaisser : je ne suis pas d'accord avec le tireur, en conséquence je me refuse de payer. Il ne peut se servir de ce subterfuge s'il se trouve dans l'impossibilité d'acquitter son billet, puisqu'il a écrit lui-même qu'il doit cette somme, il est donc obligé d'avouer qu'il n'a pas d'argent pour payer. Or, cet aveu ou cette impossibilité de faire face, c'est-à-dire, de remplir ses engagements, c'est la perte de son crédit, peut-être sa ruine, car quelques jours après, il sera poursuivi et condamné conformément à la loi qui est implacable à cet égard. Si au contraire, c'est une traite ainsi conçue : Au 5 mai prochain, il vous plaira de payer contre ce présent mandat à mon ordre la somme de mille francs.... Dans ce cas, si ce jour-là M. Rispal n'est pas en mesure de payer, il pourrait répondre avec une apparence de sincérité : Je ne suis pas d'accord ! Le banquier n'aurait pas de vous, pour ce fait, une mauvaise opinion de votre solvabilité, car il arrive assez souvent que les tireurs se trompent en plus ou en moins sur les comptes de leurs clients, et quelquefois ils disposent même par erreur sur des clients qui ne leur doivent rien du tout. Mais si M. Rispal, convaincu qu'il doit bien cette somme au tireur, a répondu qu'il n'est pas d'accord, il ne faut pas croire que c'est de sa part de la mauvaise foi, non ! La vérité, c'est qu'il manquait de fonds ce jour-là, et qu'il ne l'a faite que pour préserver son crédit. Ce retour donnant lieu à une correspondance qui dure toujours au moins une quinzaine de jours, lui aura donné le temps nécessaire pour se procurer de l'argent, afin de pouvoir acquitter cette traite quelques jours plus tard. Il en est quitte en payant sa nouvelle traite de mille francs, augmentée de 10 ou 12 francs occasionnés par l'ancienne. C'est un petit sacrifice qui a sauvé son amour-propre et son crédit, et le tireur n'y a rien perdu.

| FOLIOS du journal démotique. | FOLIOS du Grand-Livre. | NOMS DES PARTICULIERS et des COMPTES GÉNÉRAUX. | DÉTAIL DES ARTICLES. | DÉBIT. | | CRÉDIT. | |
|---|---|---|---|---|---|---|---|
| | | | 4 Février 1871. | | | | |
| 48 | 75 | MARTEL. | **(Marchandises.)**<br>Vendu : 1 cachemire des Indes pour sa demoiselle aînée..... | 2,000 | » | | |
| 48 | 76 | DEMOULIN. | **(Marchandises.)**<br>Vendu : 6 couverts en argent fin à 40 fr.................... | 240 | » | | |
| | | | 5 Février. | | | | |
| 48 | 77 | LEBRUN. | **(Marchandises.)**<br>Vendu : un lot de divers articles de mercerie facturé.... .... | 1,410 | » | | |
| 48 | 71 | LERICHE. | **(Marchandises.)**<br>Vendu : 1 pièce de cognac, fine Champagne, à............ | 600 | » | | |
| | | | 6 Février. | | | | |
| 48 | 71 | LESPINASSE. | **(Marchandises.)**<br>Vendu : 1 fût d'absinthe suisse de 1860........ 300 »<br>3 hect. 3/6 de Béziers à 90 fr...... ... 270 » | 570 | » | | |
| 48 | 72 | BONS. | **(Marchandises.)**<br>Vendu : 800 kil. sucre des colonies à 110 fr..... 880 »<br>200 kil. chocolat à 3 fr..... ....... ... 600 » | 1,480 | » | | |
| | | | 7 Février. | | | | |
| 48 | 69 | BICHOFFE. | **(Caisse.)**<br>*Sa* remise en un bon sur la banque de France............. | » | » | 10,000 | » |
| 48 | 74 | BANQUE DE FRANCE. | **(Effets à recevoir.)** (1)<br>*Ma* remise de l'effet Rispal au 5 mai.......... 1,000 »<br>» » Prével au 20 courant. ..... 3,300 » | 4,200 | » | | |

(1) Votre maison qui est en compte courant et d'intérêts avec la Banque de France, lui remet ces deux effets s'élevant ensemble à 4,200 francs. On fait sortir cette somme du portefeuille, c'est-à-dire du compte général : Effets à recevoir (1re somme), et on la reporte dans la colonne : *Débiteurs qui doivent à votre maison* (2e somme). Au contrôle, 4,200 francs à la sortie. Plus tard, lorsque la maison aura besoin de fonds, la Banque de France lui remettra en espèces, le montant de tous les effets qu'elle aura reçus, moins les *frais de négociation* qu'elle retiendra, pour se couvrir des frais d'encaissement et de l'intérêt de l'argent qu'elle vous aura remis.

| FOLIOS du Journal démo-tique. | FOLIOS du Grand-Livre. | NOMS des PARTICULIERS et des COMPTES GÉNÉRAUX. | DÉTAIL DES ARTICLES. | DÉBIT. | CRÉDIT. |
|---|---|---|---|---|---|
| | | | 8 Février 1871. | | |
| 48 | 69 | DUVAL. | **(Effets à recevoir.)** *Ma* traite sur lui au 15 juin | | 2,000 » |
| 48 | 69 | DE LASALLE. | » 10 mai | | 2,760 » |
| 48 | 70 | BOUILLET. | » 20 juin | | 2,240 » |
| 48 | 70 | RISPAL ET Cie. | » 5 avril | | 700 » |
| 48 | 71 | DARGENT. | » 30 mars | | 190 » |
| 48 | 72 | MARAINE et Cie | » 25 juillet | | 3,000 » |
| 50 | 74 | GAJAC. | **(Marchandises.)** Acheté : 8 pièces de vin de St-Emilion à 250 fr... 2,000 » ; 4 » Langlade à 210 fr.... 840 » ; 6 » Cognac à 300 fr...... 1,800 » ; 10 hectolitres 3/6 de Cette à 90 fr...... 900 » | | 5,540 » |
| | | | 9 Février. | | |
| 50 | 73 | BROUARD. | **(Billets à payer.)** (1) Acceptation de *son* mandat au 20 courant | 1,000 » | |
| | | | 10 Février. | | |
| 50 | 75/84 | DE CHAZOT. | **(Effets à recevoir.)** *Négociation* de mon borderau en 5 effets, ensemble, 10,700 fr. sur : Duval 15 juin 2,000 » ; de Lasalle 10 mai 2,760 » ; Bouillet 20 juin 2,240 » ; Rispal et Cie 5 avril 700 » ; Maraine et Cie 25 juillet 3,000 » ; *Valeur au 1er juillet.* | 10,700 » | |
| | | | 11 Février. | | |
| 50 | 75 | MARTEL. | Vendu : 4 paniers de Champagne à 125 fr | 500 » | |

(1) L'acceptation est une lettre de change tirée par un créancier sur un débiteur ainsi conçue : Au vingt février prochain, dit M. Brouard à votre Maison, il vous plaira payer contre ce présent mandat à mon ordre, la somme de mille francs, à valoir, ou pour solde de votre compte général, valeur reçue en compte ou en marchandises. Ayant besoin de fonds, M. Brouard va chez son banquier pour le prier de lui escompter cet effet de mille francs. Oui ! répond celui-ci, je veux bien vous l'escompter, mais à la condition qu'il sera accepté par votre correspondant. Cette traite est enfin présentée à votre Maison pour l'accepter. Reconnaissant sans doute que cette somme est légitimement due à M. Brouard, elle l'accepte, en écrivant en travers de ce mandat : « *Bon pour acceptation* » et elle signe au-dessous. (Voir au fo 16.) Cette simple signature signifie que votre Maison consent et s'engage authentiquement à payer mille francs au 20 février, en échange de ce mandat, qui lui servira de reçu, en cas de réclamation ultérieure de la part du tireur. Le banquier, alors remet en espèces, à M. Brouard, le montant de cette valeur, moins les frais de négociation. De cette manière, il a deux garanties pour une, car dans la supposition que l'un des deux correspondants fasse de mauvaises affaires, d'ici à l'échéance du 20, il aura toujours recours sur celui des deux qui reste à la tête de sa Maison, que ce soit vous ou M. Brouard. Conséquemment, l'acceptation, quoique d'une forme différente, a positivement la même valeur que le billet à payer. Il faudra créditer le compte général (1re somme) et débiter le compte particulier (2e somme). Au contrôle, à la sortie, y reporter mille francs.

| FOLIOS du journal démo-tiquo. | FOLIOS du Grand-Livre. | NOMS des particuliers et des comptes généraux. | DÉTAIL DES ARTICLES. | DÉBIT. | CRÉDIT. |
|---|---|---|---|---|---|
| | | | **12 Février 1871.** | | |
| 50 | 75 | MARTEL. | **(Caisse.)** <br> *Son* Bon à vue sur la caisse Adam, banquier à Boulogne-s-mer. | | 1,160 » |
| 50 | 74 | PREMPAIN. | **(Effets à recevoir.)** <br> *Sa* remise en son effet Pagny, au 10 juin........ 500 » <br> **(Caisse.)** <br> *Sa* remise espèces........................... 470 » <br> **(Pertes.)** <br> Escompte 6 % sur 500 fr........ ..... ...... 30 » | | 1,000 » |
| 50 | 73 | BLONDEL. | **(Effets à recevoir.)** <br> *Ma* traite sur lui au 10 juillet.......................... | | 480 » |
| 50 | 76 | DEMOULIN. | » 15 » .......................... | | 640 » |
| 50 | 77 | LEBRUN. | » 5 août.......................... | | 900 » |
| 50 | 71 | LESPINASSE. | » 20 février.......................... | | 1,250 » |
| 50 | 72 | BONS. | » 20 octobre....... ..... .......... | | 1,760 » |
| 50 | 72 | COLLIN. | » à dix jours de vue................. | | 500 » |
| | | | **14 Février.** | | |
| 50 | 75/84 | DE CHAZOT. | **(Marchandises),** <br> Vendu : 4 pièces de vin de St-Emilion à 400 fr.. 1,600 » <br> 2 » Langlade à 300 fr... 600 » <br> 5 » Cognac à 500 fr..... 2,500 » <br> 5 hectolitres 3/6 de Cette à 120 fr... 600 » <br> *Valeur au 1er juillet.* | 5,300 » | |
| 50 | 76 | CARBONEL. | **(Marchandises en consignation)** (1) <br> *Expédié, à titre de consignation*, à M. Carbonel de Perpignan, à raison d'une commission consentie, s'élevant à 10 % savoir : <br> 12 pièces de vin de Médoc à 400 fr. ......... 4,800 » <br> 10 pièces de Cognac à 600 fr.............. 6,000 » | 10,800 » | |

(1) Voulant étendre vos affaires afin de réaliser des bénéfices le plus possible, votre Maison a pris des arrangements avec M. Carbonel de Perpignan, afin qu'il place en votre nom et pour votre compte la marchandise que votre Maison expédiera franco, moyennant 10 % de commission. Or, 10,800 francs de marchandise sort de votre magasin (1re somme) pour être reportée au grand-livre, dans la colonne : *débiteurs qui doivent à la Maison* (2e somme) et à la colonne sortie du contrôle. M. Carbonel s'occupe alors de la vendre, et au fur et à mesure de son placement, il en donne avis à votre Maison afin que celle-ci puisse entrer en relations directes avec ses commettants et les faire régler dans les conditions et aux époques fixées par le représentant Carbonel. Au moyen d'un compte de virement, on débite le nouveau client, par le crédit de Carbonel.

| FOLIOS du journal démotique. | FOLIOS du Grand-Livre. | NOMS DES PARTICULIERS et des COMPTES GÉNÉRAUX. | DÉTAIL DES ARTICLES. | | DÉBIT. | CRÉDIT. |
|---|---|---|---|---|---|---|
| | | | 15 FÉVRIER 1871. | | | |
| 50 | » | MARCHANDISE. | **(Caisse.)** (1) | | | |
| | | | Frais de transport de 22 futailles pleines expédiées à M. Carbonel mon représentant à Perpignan... | 110 » | | |
| | | | Droits de régie.............................. | 20 » | 130 » | 130 » |
| 50 | 76 | BÉGASSAT | **(Virement simple.)** (2) | | | |
| | | à | Avoir cédé à M. Bégassat, pour le compte de la maison : | | | |
| | | | 400 kil. sucre raffiné à 120 fr................. | 480 » | | |
| 50 | 69 | DE LASALLE. | 100 kil. café Bourbon...................... | 360 » | 840 » | 840 » |
| | | | 16 FÉVRIER. | | | |
| 50 | 73 | AUBERTIN. | **(Effets à recevoir.)** | | | |
| | | | *Sa* remise de l'effet Beaugé au 10 septembre..... | 600 » | | |
| | | | **(Caisse.)** | | | |
| | | | *Sa* remise espèces.......................... | 950 » | | 1,600 » |
| | | | **(Pertes.)** | | | |
| | | | Escompte 5 °/₀ sur 1,000 .... ................ | 50 » | | |
| 50 | 71 | LERICHE. | **(Caisse.)** | | | |
| | | | *Sa* remise espèces.......................... | 475 » | | |
| | | | **(Pertes.)** | | | |
| | | | Escompte 5 °/₀ sur 500 ........................ | 25 » | | 900 » |
| | | | **(Effets à recevoir.)** | | | |
| | | | *Son* B/ à mon O/ au 20 août prochain.......... | 400 » | | |

(1) Il est bien entendu que votre Maison a fait figurer les frais de transport, dans le prix de la marchandise expédiée à M. Carbonel, il faudra donc se dispenser de les porter aux frais généraux. En effet, 130 fr. sortent de la caisse (1re somme). Pourquoi ? pour donner de la valeur à la marchandise. (2e somme). C'est absolument comme si on achetait pour 130 francs de marchandise qui entrerait dans le magasin.

(2) M. de Lasalle écrit à votre Maison pour la prévenir qu'il lui laisse pour compte une partie de la marchandise qu'elle lui a expédiée le 2 janvier dernier. Il n'avait demandé que 1,000 kilos de sucre à 120 francs, il en a reçu 1,400. Il n'avait demandé que 300 kil. de café à 360 francs, il en a reçu 400. Il dit dans sa lettre qu'il refusera de payer la traite de 2,760 francs, si on ne veut pas faire droit à sa réclamation. Cependant, ajoute-t-il : Afin de vous éviter les frais de retour et vous être agréable, je me chargerai volontiers de vendre à quelqu'un de bien solvable les 400 kil. de sucre et les 100 kil. de café, formant la différence de ma commande. La maison lui adresse le même jour une dépêche télégraphique pour l'autoriser à agir dans le mieux de ses intérêts. En effet, M. de Lasalle en parle à un nommé M. Bégassat, professeur au Lycée impérial de Bourges, très solvable du reste, qui s'engage à reprendre ces articles pour son propre compte. Comme cette marchandise ne rentrera jamais plus dans votre magasin ; que le montant de la facture, 2,760 francs, devra être payé par deux clients au lieu d'un, vous en faites l'objet d'un compte de virement simple, et vous dites au Journal : Bégassat à de Lasalle, ensuite vous portez au Grand-Livre 840 francs dans la colonne : débiteurs qui doivent à votre Maison, et 840 francs, dans la colonne : créditeurs auxquels votre Maison doit. Au contrôle, rien du tout, puisqu'il n'est rien entré ni sorti des six comptes généraux. De cette manière, M. Bégassat se trouve débité, et M. de Lasalle crédité. Au registre Grand-Livre, on reportera au compte Bégassat, dans la colonne : débiteurs qui doivent à la Maison, 840 francs (1re somme), et au compte de Lasalle, dans la colonne : créditeurs auxquels la Maison doit, également 840 francs (2e somme.) Si on n'employait pas ce moyen-là, il y aurait une complication d'écritures considérable.

| FOLIOS du Journal démo-tique. | FOLIOS du Grand-Livre. | NOMS DES PARTICULIERS et des COMPTES GÉNÉRAUX. | DÉTAIL DES ARTICLES. | DÉBIT. | | CRÉDIT. | |
|---|---|---|---|---|---|---|---|
| | | | 17 Février 1871. | | | | |
| 52 | 74 | GAJAC | **(Effets à recevoir.) Virement composé.** (1) | | | | |
| | | à | *Ma* remise de la traite Maraine et Cie au 25 mai prochain..... | 3,540 | » | 3,540 | » |
| | 72 | MARAINE ET Cie | | | | | |
| 52 | 73 | VOISIN, | **(Marchandises.)** (2) | | | | |
| | | | Retour de mon envoi du 24 janvier dernier, refusé et rentré en magasin au prix d'achat : | | | | |
| | | | 120 mètres d'indienne à 2 fr. 16 cent.............. 259 20 | | | | |
| | | | **(Pertes.)** | | | 288 | » |
| | | | A déduire les 10 % de bénéf. prélevés sur cette facture 28 80 | | | | |

(1) Le compte de virement composé, est un moteur d'une très grande puissance, qui rend d'éminents services aux comptables qui savent s'en servir. Outre l'économie de temps qu'il procure, il jette encore dans les écritures une clarté extraordinairement précieuse et fait éviter de nombreuses répétitions qui troublent presque toujours l'harmonie si nécessaire dans les opérations générales. Malheureusement, il est si peu connu qu'il est très rarement appliqué. Il fonctionne spécialement dans deux cas, et il est ainsi nommé, parce qu'il sert à transporter la dette d'un débiteur à un créditeur, c'est-à-dire qu'il permet de solder un compte particulier par un autre compte particulier, sans le secours des comptes généraux, comme au compte Bégassat à de Lasalle (Voir au Journal le f° 50).

Dans le second cas, on peut disposer d'une fraction, ou de la totalité d'un compte débiteur, pour couvrir une fraction, ou la totalité d'un compte créditeur, mais cette fois avec le concours des comptes généraux. Exemple :

Vous disposez d'une somme de 3,540 francs, sur le compte de Maraine qui doit encore 6,000 francs, à votre Maison, en faveur de Gajac, auquel votre Maison doit 3,540 francs (Voir au Journal au f° 52) Vous prévenez ensuite Maraine, de la disposition que vous avez faite sur lui, afin qu'il acquitte votre traite, à l'échéance du 25 mai, lorsqu'elle lui sera présentée. Au Journal, dans la colonne des noms vous écrivez :

Gajac à Maraine : vous reportez 3,540 francs dans la colonne entrée des effets à recevoir (1re somme) et 3,540 fr. dans la colonne : créditeurs auxquels votre maison doit (2e somme), dans la colonne entrée du contrôle, la même somme. Vous débitez ensuite Gajac en faisant sortir du portefeuille cette même somme de 3,540 francs (1re somme) au Grand-Livre : 3,540 francs dans la colonne débiteurs qui doivent à votre Maison (2e somme). puis à la sortie du contrôle 3,540 francs.

Voilà donc un compte de virement composé, qui a servi à débiter et créditer deux individus sur la même ligne. (Voir au Journal au f° 52.)

(2) En recevant ces 120 mètres d'indienne, M. Voisin, en examinant cette marchandise, s'est aperçu qu'elle était excessivement défectueuse et de mauvaise qualité, il s'est donc empressé de la retourner à votre Maison, en l'avisant de ce renvoi. Au Journal vous ferez rentrer cette marchandise en magasin au prix d'achat *seulement*, puisque ces 120 mètres d'indienne à 2 fr. 16 c. ne coûtaient réellement à votre maison que 259 fr. 20. Et, comme vous frappez de 10 % de bénéfices toutes les marchandises que vous vendez, vous avez donc prélevé sur cette facture 28 80 de profits.

Or, pour régulariser le retour de cette facture, il faut faire rentrer cette marchandise en magasin au prix d'achat, soit 259 20, et reporter dans la colonne pertes les 28 80 que vous aviez prélevés sur cette vente : 259 20 plus 28 80 égalent 288 (1re somme), qu'il faut reporter au Journal dans la colonne créditeurs auxquels votre maison doit (2e somme) ; au contrôle, 288 dans la colonne entrée. Au registre Grand-Livre, au compte Voisin, vous reportez à son crédit cette même somme de 288 francs.

Tous les jours les négociants expédient de la marchandise aux quatre coins de la France et de l'étranger, et tous les jours ils subissent des laisser-pour-compte, ou des retours pour des motifs quelconques vrais ou faux. Les uns pour obtenir un rabais sur la marchandise, soi-disant avariée, les autres, comme M. Voisin, pour des motifs très-respectables. Pour expédier chaque commande il faut bien faire sortir la marchandise (1re somme) et débiter le client auquel elle a été expédiée (2e somme). Mais si le client la refuse ainsi que l'a fait M. Voisin, pour créditer le compte à nouveau, le comptable fait rentrer à tort au prix de vente cette marchandise en magasin (1re somme) et crédite le client qui l'a refusée (2e somme). En procédant ainsi, il n'y a plus d'inventaire exact, ni de comptabilité rationnelle possibles. Toutes les spécialités commerciales ont établi une base ; calculé une moyenne sur le chiffre de bénéfices à prélever sur la vente de leur marchandise. Selon le genre de commerce, cette moyenne varie depuis 5, jusqu'à 60 % et quelquefois plus. Aucun établissement du reste, ne pourrait se maintenir dans des conditions ordinaires de sécurité, s'il n'était basé sur ce principe. J'arrive enfin à la question.

Je suppose qu'il y a en magasin pour cent mille francs de marchandises. Quelqu'un se présente avec l'intention d'acheter le tout ensemble, tout ce qui reste et en demande le prix. Sachant que la moyenne des bénéfices de la Maison est de 10 %, on lui répond : Monsieur, c'est cent dix mille francs ! Le marché est conclu. Pour livrer, on fait sortir cette marchandise du magasin (1re somme) et on débite le client (2e somme.) Huit ou quinze jours après, pour un motif quelconque, il refuse cette livraison. En écrivant cette opération comme on l'a fait à tort jusqu'à ce jour, on fait rentrer cette marchandise de 110,000 fr. dans le magasin (1re somme) et on crédite le client qui la refuse de cent dix mille francs (2e somme).

Est-ce possible ? est-ce logique ? Si dans l'intervalle de la vente au retour de cette facture, le commerçant fait son inventaire général, les débiteurs de l'actif seront de cent dix mille francs et la marchandise rien ! Les bénéfices nets de sa maison seraient indubitablement de dix mille francs. Jusque-là, il n'y a rien à dire, car les opérations sont parfaitement exactes. Si on additionne le compte général de marchandises, on trouvera à l'entrée 100,000 francs et à la sortie 110,000. Tout à coup et sans s'y attendre, cette marchandise est refusée. Il faut donc en passer écriture à nouveau. Ainsi que vous en avez la triste habitude, vous débiterez le magasin de 110,000 francs et vous créditerez le particulier de la même somme. De cette manière, vous vous trouverez posséder 110,000 francs au lieu de 100,000 d'abord, ensuite, de 10,000 francs de bénéfices qui n'existent pas. Que cette opération se répète deux fois dans la même année, le compte général marchandises donnera 20,000 francs en trop, et les débiteurs la même somme. Par ce qui précède on comprendra sans peine la nécessité la plus absolue, de passer ces sortes d'articles, comme je l'indique ici. Sous peine d'avoir toujours des écritures fatalement irrégulières et jamais d'inventaires exacts. Sans doute, on négligera cette précaution sous prétexte que les retours étant de sommes moins importantes, il devient moins urgent d'appliquer cette mesure. Ce raisonnement devient radicalement faux, en présence de la quantité des retours, qui ont lieu dans le courant d'une année. Sous aucun prétexte, le comptable ne doit s'affranchir de cette règle.

| FOLIOS du journal démo-tique. | FOLIOS du Grand-Livre. | NOMS DES PARTICULIERS et des COMPTES GÉNÉRAUX. | DÉTAIL DES ARTICLES. | DÉBIT. | CRÉDIT. |
|---|---|---|---|---|---|
| | | | *Suite du* 17 Février. | | |
| 52 | 74 | BANQUE DE FRANCE. | **(Caisse.)** (1) (*Voir au fº 43 le compte de Chazot.*)<br>*Sa* remise espèces ........................ 4,161 24 | | |
| | | | **(Pertes.)**<br>Intérêts 6 % sur 106,600 nombres par 60....... 17 76<br>Change de place 1/2 % sur 4,200 francs......... 21 » | | 4,200 » |
| | | | *Seule, parmi les Banquiers, la Banque de France ne prend jamais de commission.* | | |
| 52 | 77 | SIMON. | **(Marchandises.)**<br>Vendu : 500 kil. colle gélatineuse à 2 fr. 40............. | 1,200 » | |
| | | | **(Effets à recevoir.)**<br>*Ma* traite sur lui au 25 courant........ ............... | | 1,200 » |
| | (1) | | | | |

(1) En remettant en négociation à la banque de France les deux effets : Rispal et Prével, la maison l'a débitée de 4,200 francs. Aujourd'hui, la banque de France solde 4,200 fr. : 1º par une remise en espèces de 4161 fr. 24 ; 2º par des frais de négociation s'élevant à 38 fr. 76 égalant 4200. Les frais se composent de l'intérêt et du change de place. Pour connaître les intérêts de ces deux effets, il faut multiplier la somme par le nombre de jours à courir. Or, combien y a-t-il de jours depuis le 7 février, époque de la remise de cet effet, jusqu'au 5 mai époque de son échéance? Il y en a 65. Je multiplie 1000 francs par 65 jours et j'obtiens 65,000 nombres, qui, divisés par 60, nombre diviseur de l'intérêt 6 % l'an, donnent 10,83 d'intérêts.

J'en fais autant pour l'autre. Combien y a-t-il de jours depuis le 7 février, époque de la remise de cet effet, jusqu'au 20 février courant, époque de son échéance? Il y en a 13.

Je multiplie 3,200 fr. par 13 jours et j'obtiens 41,600 nombres, qui, divisés par 60, nombre diviseur de l'intérêt 6 % l'an, donnent 6,93 d'intérêts.

Je résume par un exemple qui prouvera que les opérations détaillées par Effet, sont d'une rigoureuse exactitude.

1,000 francs pour 65 jours donnent 65,000 nombres d'intérêts à 6 0/0 soit : 10 83
3,200 — 13 — 41,600 — — 6 93
4,200 — 78 — 106,600 | 60 — 17 76
466 | 17 76 et 40 millièmes qu'il faut négliger.
460
400
40
En y ajoutant le change de place à 1/2 % sur 4,290 francs, on aura 21 »
Et si la Banque de France remet 4,161 24 en espèces, ce compte se trouvera complètement soldé. 4,161 24
} 4,200 »

Il est d'usage que l'année commerciale ne doit avoir que 360 jours, mais cet usage n'est point consacré en justice pour les intérêts civils, car plusieurs arrêts de la Cour de cassation l'ont annulé pour maintenir le nombre 365 qui existe réellement.

Pour trouver le nombre diviseur d'un intérêt quelconque, depuis 2 % jusqu'à 60 et plus, il faut diviser l'année commerciale qui est de 360 jours, ou civile qui est de 365, par le taux de l'intérêt, à 3 % il faut diviser par 120. 4 % par 90, 5 % par 72, 6 % par 60, ainsi : 360 divisé par 3 donne 120, 360 par 4,90 360, par 5,72. 360 par 6,60 ainsi de suite.

360 | 3 — 00 | 120 — 00

360 | 4 — 000 | 90

360 | 5 — 10 | 72 — 00

360 | 6 — 000 | 60

| FOLIOS du journal démo-tique. | FOLIOS du Grand-Livre. | NOMS DES PARTICULIERS et des COMPTES GÉNÉRAUX. | DÉTAIL DES ARTICLES. | DÉBIT. | | CRÉDIT. | |
|---|---|---|---|---|---|---|---|
| | | | 18 Février 1871. | | | | |
| 52 | 73 | BROUARD. | **(Marchandises.)**<br>Acheté : 100 barriques de goudron à 30 fr...... .. 3,000 »<br>800 kil. colle gélatineuse à 2 fr. 10...... 1,680 »<br>400 mètres nouveautés pour gilet à 6 fr.. 2,400 »<br>20 châles, 4/4 pure laine à 40 fr........ 800 »<br>1 pacotille d'articles de Paris, facturés à 4,120 » | | | 12,000 | » |
| 52 | 75 \| 84 | DE CHAZOT. | **(Caisse.)**<br>*Sa* remise espèces ............ ............... . . .....<br>*Valeur 1er juillet.* | | | 4,000 | » |
| 52 | 77 \| 76 | MALLET A GARBONEL. | **(Virement simple.)**<br>Vendu et livré pour le compte de la maison :<br>4 pièces de vin de Médoc à 400 fr............. 1,600 »<br>2 pièces de Cognac à 600 fr................. 1,200 »<br>(*Voir au folio* 30, *le renvoi*) (1) | 2,800 | » | 2.800 | » |
| | | | 19 Février. | | | | |
| 52 | 76 | BEGASSAT. | **(Effets à recevoir.)** (*Voir au folio* 30 *le renvoi*) (2)<br>*Ma* traite sur lui au 20 août prochain ... .......... .. . . | | | 440 | » |
| 52 | » | MEUBLES ET IMMEUBLES | **(Caisse.)**<br>Acheté au comptant à M. Crémieux :<br>2 chevaux gris pommelé, âgés de 6 à 7 ans pour le service du camionnage de ma maison de commerce... 3,000 »<br>2 camions avec tous les accessoires, à 800 fr.... 1,600 »<br>2 chevaux et 1 voiture à 4 roues pour le voyageur 3,400 » | 9,000 | » | 9,000 | » |
| 52 | 74 | PREMPAIN. | **(Effets à recevoir.)**<br>*Sa* remise en son effet Pagny, au 5 septembre. . . . ....... | | | 200 | » |
| 52 | » | RÉGULATEUR. | **(Caisse et frais généraux.)**<br>Envoi d'un B/ de banque à mon voyageur.. . . .. 500 »<br>Achat de deux harnachements complets....... .. 180 »<br>Fourrages pour les chevaux de camion...... ... 120 » | 800 | » | 800 | » |

| FOLIOS du Journal démotique. | FOLIOS du Grand-Livre. | NOMS DES PARTICULIERS et des COMPTES GÉNÉRAUX. | DÉTAIL DES ARTICLES. | DÉBIT. | | CRÉDIT. | |
|---|---|---|---|---|---|---|---|
| | | | 20 Février 1871. | | | | |
| 52 | » | ACTIF. | (**Meubles et Immeubles.**) (1)<br>Héritage provenant de la succession de ma tante Françoise de St-Flour, consistant en une vaste maison et ses dépendances sise audit lieu, ainsi que les terres, vignes et prés lui appartenant, estimés, d'après l'acte notarié à........ 30,000 » | | | | |
| | | | (**Caisse.**)<br>Espèces provenant également de ladite succession. 20,000 » | 50,000 | » | 50,000 | » |
| | | | 21 Février. | | | | |
| 52 | 70<br>74 | PRÉVEL A BANQUE DE FRANCE. | (**Virement simple.**) (2).<br>Retour de *ma* traite Prével, échue hier, impayée.. 3,200 »<br>Protêt et frais de retour...... ................ 30 » | 3,230 | » | 3,230 | » |

(1) Si je ne craignais pas trop de heurter la routine, qui bien certainement ne me le pardonnerait jamais, je passerais tout bonnement cet article en partie simple ainsi que je l'ai fait dans d'autres ouvrages, qui cependant ont été faits uniquement pour MM. les comptables et les professeurs, mais j'ai été si peu compris et j'ai reçu à cet égard tant et de si singulières observations, que moi-même, je vais passer celui-ci en partie double, mais bien malgré moi, je l'affirme, car, au lieu d'économiser et de simplifier les écritures, on les complique, au lieu d'avancer dans le progrès, on recule ! Je comprends le compte de profits et pertes comme compte régulateur, Oui ! mais dans cet article il n'y a pas lieu de s'en servir, par la raison que la comptabilité démotique est triple, et que les articles passés en partie simple, sont toujours reportés en partie double, En effet, le chef de Maison fait un héritage quelconque, hier il possédait une fortune de 100,000 francs, aujourd'hui, sans s'y attendre, elle est de 150,000. Est-ce en faisant des spéculations commerciales de nature peut-être à compromettre sa fortune ? Mais non ! Cette augmentation de bien-être n'a aucune ramification, aucune racine commerciale, c'est-à-dire qu'elle provient d'une cause tout à fait isolée. Or donc, il suffirait de mettre les 20,000 francs dans la caisse et les 30,000 autres dans le compte général d'immeubles, ensuite réunir ces deux sommes et porter 50,000 francs à l'entrée du contrôle et tout serait dit. Néanmoins, cela ferait toujours deux sommes, l'une contrôlant l'autre. C'est double enfin, et cependant vous n'avez pas eu besoin de porter ces 50,000 francs au crédit de Régulateur dans la colonne profits. Dans les deux cas, ces 50,000 francs viendront toujours à l'inventaire général augmenter votre actif. Dans les cas ordinaires c'est bien différent, un compte régulateur est absolument indispensable, attendu qu'un compte particulier pour le solder doit toujours être débité et crédité de la même somme. Exemple :

M. Grégoire, de Lille, est débité chez vous de 1,000 francs. Voulant profiter de l'escompte de 5 % que vous faites à vos clients lorsqu'ils viennent payer dans le premier mois de la vente, il verse à votre caisse 950 francs, et puis il s'en va, il ne doit plus rien. Si vous ne portiez à son crédit que 950 fr. son compte ne serait jamais soldé, tandis qu'en portant dans la caisse 950 fr. et 50 fr. dans la colonne Pertes, en additionnant ces deux sommes vous obtenez 1,000 francs (1re somme) et 1,000 francs que vous reportez au Grand-Livre au crédit de son compte (2e somme) et il se trouvera soldé. A votre tour, maintenant : Votre Maison doit 1,000 fr. à M. Coppin, de Boulogne-sur-Mer ; vous lui versez 950 francs seulement, et vous ne lui devez plus rien. Vous sortez de votre caisse 950 francs et 50 francs que vous portez au crédit du compte Régulateur dans la colonne profits. Vous additionnez ces deux sommes qui s'élèvent à 1,000 francs (1re somme) que vous reportez ensuite au Grand-Livre, au débit de son compte 1,000 francs (2e somme) et au contrôle à la sortie. Voilà donc un compte soldé. Était-ce une perte pour votre Maison lorsque M. Grégoire est venu vous payer 1,000 fr. avec 950 ? non ! C'est que vous lui avez vendu trop cher de 50 francs ou plutôt, c'est une convention commerciale. Est-ce un profit pour votre Maison d'avoir payé une somme de 1,000 francs avec 950 ? Non également ! Il n'y a donc pour personne ni profits ni pertes. Par ce qui précède on est bien forcé de convenir que ce compte général n'a jamais été et n'a jamais pu être autre chose qu'un compte régulateur sans lequel il serait impossible de liquider et de solder au Grand-Livre, les comptes particuliers.

(2) Le 7 février dernier, la Maison a remis en négociation, à la Banque de France, avec laquelle elle est en compte courant et d'intérêts, la traite sur Prével, de 3,200 francs au 20 février suivant. A l'échéance, cet effet a été protesté faute de paiement. Afin d'en passer écritures et prendre des mesures en conséquence, la Banque de France le rapporte à la Maison mais sans en exiger immédiatement le remboursement. C'est pourquoi il faut faire un compte de virement simple comme celui-ci, et qui a pour objet de créditer la Banque de France 3,230 francs (1re somme). et débiter le compte de Prével, de 3,230 francs. (2e somme.) En procédant ainsi, la Banque se trouve créditée de 3,230 francs, portant intérêts à 6 % et le compte de Prével débité à nouveau de 3,200 francs surchargé de 30 francs de frais occasionnés par le retour de la traite impayée.

Règle générale et invariable. — Un effet sorti du portefeuille, soit pour le négocier à la Banque, soit pour le donner en paiement à ses fournisseurs, ou bien pour l'encaisser le jour de l'échéance s'il est impayé ne doit jamais y rentrer, attendu qu'il n'a plus aucune valeur commerciale transmissible, ce n'est plus aux yeux de la loi, qu'un titre authentique qui préserve la créance pendant cinq ans et rien de plus. Passé ce délai le titre étant périmé, la justice perd tous ses droits.

| FOLIOS du Journal démotique. | FOLIOS du Grand-Livre. | NOMS des particuliers et des comptes généraux. | DÉTAIL DES ARTICLES. | DÉBIT. | | CRÉDIT. | |
|---|---|---|---|---|---|---|---|
| | | | 22 Février 1871 | | | | |
| 52 | 71 | LESPINASSE. | **(Virement simple.)** (1)<br>Retour sans frais, de *ma* traite au 20 février dernier, impayée. | 1,250 | » | | |
| | | | **(Pertes.)**<br>Insolvable........................................ | | | 1,250 | » |
| | | | 23 Février. | | | | |
| 52 | 75/84 | DE CHAZOT. | **(Caisse.)**<br>*Sa* remise espèces ........................................ | | | 5,000 | » |
| | | | 24 Février. | | | | |
| 52 | » | BILLETS A PAYER. | **(Caisse.)**<br>Acquit de mon acceptation, O/ Brouard, échue le 20 courant... | 1,000 | » | 1,000 | » |

## Règle générale.

Lorsqu'un chef de maison a un débiteur dans de mauvaises conditions de solvabilité et qu'il a fait en vain toutes les démarches possibles pour faire rentrer sa créance, il est de son devoir de créditer ce compte au Grand-Livre par le débit de Régulateur. En ne procédant point ainsi, l'actif de sa maison serait évidemment faux, car il exprimerait une valeur qu'il ne possède plus. (Voir ci-dessus le compte Lespinasse.)

Si, plus tard, ce même débiteur était assez heureux pour se libérer envers la maison, dans ce cas, au Journal, on passerait un article sous la dénomination de : Actif. On verserait les fonds dans la caisse (1re somme) et au crédit de Régulateur (2e somme), ensuite au débit et au crédit du contrôle. Ce compte se trouverait complètement soldé. (Voir au f° 39 l'article Actif.)

En effet, cette somme viendrait accidentellement augmenter l'actif de la maison ; elle proviendrait d'un fait isolé qui n'a plus aucune racine dans la maison, puisque le compte auquel ce remboursement ferait allusion serait soldé depuis longtemps, peut-être même depuis plusieurs années.

(1) Le 12 janvier dernier, votre Maison a vendu à M. Lespinasse pour 680 francs de marchandise, et le 6 février pour 570, dont vous l'avez débité. Le 12 février, pour se payer de cette fourniture, votre Maison a fait traite sur lui de 1250 francs, payable le 20 février courant, et vous l'avez crédité. Son compte est donc soldé. Cette traite est dans votre portefeuille. Profitant de la présence de votre voyageur qui se trouve en ce moment à St-Etienne pour des achats de velours et de rubans, vous lui avez adressé par la poste la traite Lespinasse afin d'aller lui-même l'encaisser, le jour de l'échéance. M. Lespinasse lui expose les pertes qu'il vient de subir et l'impossibilité dans laquelle il se trouve en ce moment pour payer ce mandat. Ne me poursuivez pas, dit-il, accordez-moi du temps, je ferai tout mon possible, pour m'acquitter envers vous. Le voyageur renvoie ce mandat à la Maison, en lui écrivant de considérer cette somme comme perdue pour elle.

Pour n'avoir pas éternellement sur ses livres un débiteur qui peut-être ne paiera jamais, la Maison prend le parti de créditer ce compte-là par le débit du compte général Régulateur. En cela, la maison a mille fois raison ; car en laissant figurer au Grand-Livre tous ces comptes en souffrance il résulte que l'inventaire général sera constamment inexact, parce que, on reporte aux débiteurs de l'actif des sommes qui ne doivent pas y figurer. L'inventaire général doit être le miroir d'une Maison de commerce. Les banquiers et les fournisseurs sans lesquels la Maison ne pourrait exister, doivent pouvoir lire à fond dans la situation de chaque client. Quand celui-ci est honnête et de bonne foi, il est très-facile d'être fixé à son égard ; mais aussi quand il ne l'est pas, que son intention secrète est surtout de duper, de tromper ses fournisseurs, celui-là, dis-je, n'a que des écritures tronquées et falsifiées, à présenter à ceux qui alimentent sa maison, c'est plus difficile. Lorsque votre méfiance est éveillée par des indices ou des actes qui autorisent de soupçonner la probité de ces commerçants, et que vous avez des doutes sérieux suffisamment établis pour avoir le droit de provoquer une vérification des écritures, c'est là seulement qu'il vous est possible de reconnaître la vérité sur la position réelle de ce commerçant. Vous aurez la preuve de ses intentions occultes ; s'il ne prépare pas par exemple une faillite frauduleuse pour s'enrichir aux dépens des banquiers et des négociants en gros ; ou enfin dissimuler des pertes de jeu ou autres, produites par le fait de son inconduite. Vous obtiendrez tous ces renseignements en inventoriant sa marchandise article par article. Voir si tous les effets du portefeuille sont souscrits par des gens honnêtes et solvables ; s'assurer que les traites ont été tirées sur des clients réels ; voir si les débiteurs sont tous solvables. Lorsque cette opération sera terminée, vous serez seulement et définitivement fixé sur la valeur exacte de son actif. Après une vérification minutieuse, vous vous apercevez que le magasin, dont la marchandise a été évaluée à 80,000 francs, n'en possède plus que pour 50,000. Le portefeuille qui présente 70,000 fr., n'en possède plus que 40,000. Les débiteurs, qui présentent 110,000 francs, n'en possèdent plus que 60,000. Ensuite, outre un fonds de magasin, le reste a été estimé à des prix exorbitants. Dans le portefeuille il y avait des traites dans le genre de celle de Lespinasse ; des billets souscrits par des gens insolvables ; des débiteurs qui n'existent plus ; d'autres sans domiciles connus, des insolvables et enfin tous ceux qui sont bons et qui paieront bien. Lorsque l'inventaire général est disséqué de cette manière, il ne peut plus tromper personne, car ayant perdu son crédit, il se trouve dans l'impossibilité de continuer son commerce.

| FOLIOS du Journal démo-tique. | FOLIOS du Grand-Livre. | NOMS DES PARTICULIERS et des COMPTES GÉNÉRAUX. | DÉTAIL DES ARTICLES. | DÉBIT. | CRÉDIT. |
|---|---|---|---|---|---|
| | | | 25 FÉVRIER 1871. | | |
| 52 | 70 | PRÉVEL. | Déclaré en faillite en vertu d'un jugement du tribunal civil de la Seine-Inférieure, en date du 15 février dernier.<br>Cette faillite ne présentant qu'un actif au dividende de 10 %, a été acceptée par la majorité des créanciers. | | |
| | | | **(Caisse.)** (1).<br>Reçu des mains du Syndic, pour solde.......... 323 »<br>**(Pertes.)**<br>Pertes résultant de cette faillite................. 2,907 » | | 3,230 » |
| 52 | 77 | SIMON. | **(Virement simple.)** (2)<br>Retour sans frais de *ma* traite sur lui, échue ce jour, impayée. | 1,200 » | |
| | | | **(Pertes.)**<br>En fuite. Passé à l'étranger. Domicile inconnu............ | | 1,200 » |
| | | | 26 FÉVRIER. | | |
| 54 | » | MARCHANDISE. | **(Caisse.)** (3) (*Voir le renvoi* (1) *au folio* 23.)<br>ACHETÉ : au comptant divers articles................ | 2,000 » | 2,000 » |

(1) Il faut convenir qu'il y a des commerçants d'une grande imprudence ! Un individu se présente chez vous pour entrer en relation d'affaires avec votre Maison. Vous prenez des renseignements sur lui, et tout le monde vous a donné le conseil de vous abstenir parce que, un jour ou l'autre, il finirait par vous duper... En effet, cela n'a pas tardé. Votre Maison subit aujourd'hui les conséquences de son imprudence. Cet individu de mauvaise foi, et d'une immoralité notoire, a toujours eu l'arrière-pensée de profiter de sa position d'homme établi, afin d'avoir un jour l'occasion de s'enrichir aux dépens de ses fournisseurs. Vous voyez qu'il s'est tenu parole. Je dois à peu près soixante mille francs, s'est-il dit, je me mettrai en faillite, j'offrirai 10 % aux créanciers, qui s'empresseront d'accepter. De cette manière, il me restera une cinquantaine de mille francs que je placerai en lieu sûr. En faisant encore une ou deux faillites comme celle-là, je finirai par devenir un homme très à mon aise.

Or, puisque la maison a accepté les conditions qui lui ont été imposées par la majorité des créanciers, il faut faire entrer dans la caisse ces 323 francs de dividende que vous ont versés les syndics, ensuite, reporter au débit du compte général Régulateur, dans la colonne Pertes, ces 2,907 francs formant la différence (1re somme). Au Grand-Livre dans la colonne des créditeurs, 3,230 fr. (2e somme), puis à l'entrée du contrôle la même somme, et le compte se trouvera soldé. En se conformant aux prescriptions des articles 437 à 448 et 586 à 592 du code de commerce, il a dû éviter la banqueroute caractérisée par la loi sur cette matière.

(2) Celui-ci ne vaut pas mieux que l'autre; seulement il est moins adroit. Il s'est présenté chez vous d'un air modeste et honnête, pour avoir de la marchandise. Il vous a dit que depuis longtemps il était en relations avec telle maison qu'il vous nomme, mais que depuis quelque temps ses articles étaient plus chers et de qualité inférieure et que certes il fallait des motifs comme ceux-là pour rompre ses anciennes habitudes. Il aurait pu vous dire, lui, cette Maison se méfie de moi, elle ne veut plus me faire crédit. Vous, chef de maison, enchanté d'avoir un client de plus, vous ne vous donnez pas la peine de prendre des renseignements sur lui, vous lui livrez vite ce qu'il vous demande. Celui-ci alors prend possession de ce colis qui se trouve à la gare et l'emporte avec lui à Rouen. Il se met immédiatement en rapport avec un acheteur, qui lui prend tout ce qu'il possède, à un prix convenu, mais qui est bien au-dessous du cours. La marchandise livrée et payée, il se sauve ensuite à l'étranger. Par la fuite, il a évité la cour d'assise qui lui aurait appliqué les articles 593 à 599 de la loi sur les faillites frauduleuses. Prevel, en manière de liquidation a encore laissé 323 francs à ses créanciers, mais Simon, lui, n'a rien laissé du tout. Comme vous êtes bien certain de ne jamais récupérer un centime, il résulte, et c'est votre devoir, qu'il faut absolument et de suite, créditer ce compte par le débit de Régulateur, ainsi que l'indique l'article ci-dessus détaillé.

(3) Il sort de la caisse 2,000 francs (1re somme.) Pourquoi ? pour acheter au comptant 2,000 francs de marchandise qui est entrée dans le magasin. (2e somme). Au contrôle : Entrée et sortie. Au Grand-Livre, rien.

| FOLIOS du Journal démo-tique. | FOLIOS du Grand-Livre. | NOMS DES PARTICULIERS et des COMPTES GÉNÉRAUX. | DÉTAIL DES ARTICLES. | DÉBIT. | CRÉDIT. |
|---|---|---|---|---|---|
| | | | 27 Février 1871. | | |
| 54 | » | MEUBLES ET IMMEUBLES | **(Pertes.)** (1).<br>Perte occasionnée par la mort d'un cheval gris pommelé âgé de 7 ans, servant au camionage......... 1,150 »<br>**(Caisse.)**<br>Vendu ce cheval à titre de viande de boucherie. 250 » | 1,400 » | 1,400 » |
| 54 | 69 | DUVAL. | **(Caisse.)** (2)<br>*Sa* remise espèces. . . . . . . . . . . . . . . . 3,000 »<br>**(Marchandises.)**<br>Acheté : 40 litres Chartreuse verte à 10 fr. 400 »<br>60 » Chartreuse jaune à 8 fr. 480 »<br>30 bouteilles de Malaga à 8 fr. . 180 »<br>150 » vin de Lunel à 4 fr. 600 »<br>4 caisses, et frais d'emballage . 40 »<br>} 1,700 » | | 4,700 » |
| 54 | 69 | BICHOFFE. | **(Caisse.)**<br>*Sa* remise espèces. . . . . . . . . . . . . . . . . . . . . . | | 14,000 » |
| 54 | » | RÉGULATEUR. | **(Caisse et personnelles.)** (3)<br>Diverses dépenses pour l'entretien de ma propriété de Saint-Flour. . . . . . . . . . . . . . . . 120 »<br>Frais d'engrais, de semences et curage des ruisseaux 90 »<br>Payé les journées de 4 ouvriers pendant 40 j. à 1 f.25 200 » | 410 » | 410 » |

(1) Vous achetez deux chevaux pour 3,000 francs, le premier vaut 1,600 francs et le deuxième, celui que vous venez de perdre, 1.400 francs. Il y a 39,000 francs à l'entrée du compte général : Immeubles. Aujourd'hui, qu'il n'y a plus que 37,600 francs, il faut cependant bien dire ce qu'est devenue cette différence. Si c'est le produit d'une vente, il rentrera en caisse 1,400 francs. Si c'est un don fait à quelqu'un de votre famille, la colonne Pertes le mentionnera ; si c'est un accident, qu'il soit mort, volé ou brûlé dans un incendie, ce qui arrive quelquefois, il faut encore et toujours le porter à la colonne Pertes. La partie double a été spécialement créée pour dire, d'où provient votre fortune et ce qu'elle devient : il est donc bien rationnel de faire sortir 1,400 francs du compte général Immeubles, (1re somme) faire entrer dans la caisse les 250 francs provenant de la vente de ce cheval et reporter dans la colonne Pertes, les 1,150 francs formant la différence du prix d'achat (2e somme).

(2) Vous êtes allé à Versailles, voir M. Duval, qui redoit encore 8,000 francs à votre Maison, et vous lui remettez sa facture acquittée. Il vous répond qu'il n'a pas toute cette somme en caisse, qu'il n'a que 3,000 fr. En même temps, il vous fait des offres de services ; il a du vin et des liqueurs qu'il vous vendra aux mêmes prix que sur les lieux de production. Bref, vous vous décidez et vous faites votre choix, dont l'ensemble s'élève à 1,700 francs. Il verse donc à votre caisse 3,000 francs et 1,700 de marchandises qui entrent dans votre magasin, ce qui fait 4,700 francs (1re somme) et vous le créditez au Grand-Livre de 4,700 francs (2e somme). Au contrôle : Entrée et sortie. Il redevait aujourd'hui 8,000 francs, il donne un à-compte de 4,700 ; il ne doit donc plus, pour solder son compte général, que 3,300 francs qu'il paiera un peu plus tard.

(3) Si vous voulez maintenir votre propriété dans un état convenable afin de lui conserver sa valeur intrinsèque de trente mille francs, il faut toujours la tenir rigoureusement dans de bonnes conditions d'entretien afin de pouvoir la revendre plus tard au prix qui est stipulé dans l'acte. Dans le cas contraire, elle péricliterait, et n'offrirait bientôt plus aux acheteurs qu'une propriété délabrée. Vous faites sortir de la caisse 410 francs (1re somme) et dans la colonne : Pertes, 410 fr. (2e somme). Ensuite, au débit et au crédit du contrôle. Lorsque la récolte arrivera, on la reportera aux profits, cela augmentera d'autant votre capital.

| FOLIOS du journal démo-tique. | FOLIOS du Grand-Livre. | NOMS DES PARTICULIERS et des COMPTES GÉNÉRAUX. | DÉTAIL DES ARTICLES. | DÉBIT. | | CRÉDIT. | |
|---|---|---|---|---|---|---|---|
| | | | 28 FÉVRIER 1871. | | | | |
| 54 | » | ACTIF. | **(Caisse et régulateur.)** (1)<br>Espèces reçues de M. Lespinasse, dont le compte a été soldé par une perte, le 22 février dernier, pour cause d'insolvabilité.......... 1,250 »<br>Intérêts 6 °/₀ depuis le 22 février 1871, jusqu'au 22 février 1881.......... 750 » | 2,000 | » | 2,000 | » |
| 54 | 78/76 | ARAGO A CARBONEL. | **(Virement simple.)**<br>Vendu et livré pour le compte de la maison :<br>8 pièces de vin de Médoc à 400 fr.......... 3,200 »<br>8 » de Cognac à 600 fr.......... 4,800 »<br>*(Voir le renvoi (1) au folio 30.)* | 8,000 | » | 8,000 | » |
| 54 | » | RÉGULATEUR. | **(Caisse et frais généraux.)**<br>Mon envoi en mon mandat sur la poste, à titre de commission à 10 °/₀ pour le placement de 10,000 francs de marchandises en consignation livrées à diverses personnes par M. Carbonel, pour le compte de la maison..........<br>*(Voir le renvoi (1) au folio 30.)* | 1,000 | » | 1,000 | » |
| 54 | 74 | BANQUE DE FRANCE. | **(Caisse.)**<br>*Ma* remise espèces.......... 3,233 76 | 3,233 | 76 | | |
| | | | **(Pertes.)**<br>Intérêts 6 °/₀ sur 22,610 nombres par 60, sur 3,230 f. pour 7 jours | | | 3 | 76 |
| 54 | 73 | BROUARD. | **(Caisse.)**<br>*Ma* remise espèces.......... | 12,000 | » | | |

(1) Nous sommes en 1881. Ne pouvant réussir dans son pays, M. Lespinasse a pris la pénible, mais courageuse résolution de s'expatrier. Le 25 février 1871, il s'embarque au Havre, sur le navire le *Washington*, et traverse les mers pour aller chercher fortune en Amérique ! Après bien des peines et des tourments, un négociant de New-York ayant eu l'occasion d'apprécier l'activité, l'intelligence et la probité de M. Lespinasse, lui a offert la gérance de son immense établissement, qui ne fit que prospérer sous son habile et intelligente direction. Plus tard, ce négociant assez riche pour se retirer des affaires, a cru ne pouvoir mieux faire qu'en cédant à son premier employé la suite de sa maison. Quelques années après M. Lespinasse, à son tour, céda à un successeur, après avoir réalisé en espèces le prix de sa propriété commerciale et de ses immeubles. Dix ans après, le 25 février 1881, il débarqua à Londres et le lendemain à Calais. Le 28, il rassemble tous ses créanciers, heureux de pouvoir acquitter, non-seulement le capital, mais encore les intérêts à 6 °/₀ pendant dix ans. Or, le retour de sa traite de 1,250 francs, date du 22 février 1871, dix ans de plus font atteindre le 22 février 1881. 1250 fr. multipliés par dix fois 360 jours donnent 4,500,000 nombres, qui, divisés par 60 font 750 francs d'intérêts et 1,250 fr. de capital égalent 2,000 fr. Ce compte ayant été antérieurement soldé par une perte, ne figure plus sur les registres de cette année. C'est pourquoi il convient de passer cet article ainsi : 2,000 fr. entrent dans la caisse (1re somme), pour être reportés aux Profits (2e somme). Au contrôle : Débit et Crédit. Au Grand-Livre : Rien.

| FOLIOS du journal démo-tique. | FOLIOS du Grand-Livre. | NOMS des particuliers et des comptes généraux. | DÉTAIL DES ARTICLES. | DÉBIT. | | CRÉDIT. | |
|---|---|---|---|---|---|---|---|
| | | | 1er MARS 1871. | | | | |
| 56 | 75 | MARTEL. | **(Caisse.)** | | | | |
| | | | Son mandat à vue sur la banque de France. | | | 1,400 | » |
| 56 | 69 | DUVAL. | *Sa* remise espèces.................................... | | | 800 | » |
| 56 | 69 | BICHOFFE. | » » ........................................ | | | 4,000 | » |
| 56 | 69 | DE LASALLE. | » » ........................................ | | | 960 | » |
| 56 | 70 | BOUILLET. | » » ........................................ | | | 380 | » |
| 56 | 71 | LERICHE. | » » ........................................ | | | 500 | » |
| 56 | 71 | DARGENT. | » » ........................................ | | | 646 | » |
| 56 | 72 | BONS. | » » ........................................ | | | 1,000 | » |
| 56 | 74 | PREMPAIN. | *Sa* remise en son mandat sur la poste.................. | | | 510 | » |
| | | | 2 MARS. | | | | |
| 56 | 72 | MARAINE et Cie | **(Effets à recevoir.)** | | | | |
| | | | *Son* B/ à mon O/ au ...................... 15 juin...... | | | 2,060 | » |
| 56 | 73 | BLONDEL. | *Son* B/ à mon O/ payable à Paris............ 5 juillet. .. | | | 800 | » |
| 56 | 77 | MALLET. | *Son* B/ à mon O/ au ...................... 10 août...... | | | 2,800 | » |
| 56 | 77 | LEBRUN. | *Ma* traite sur lui au.................... 5 septembre. | | | 1,200 | » |
| 56 | 76 | DEMOULIN. | » »......................... 20 mai ...... | | | 600 | » |
| 56 | 78 | ARAGO. | » » ......................... 10 septembre. | | | 6,000 | » |
| 56 | 72 | COLLIN. | » » ......................... 20 octobre... | | | 600 | » |
| 56 | 76 | BEGASSAT. | » » ......................... 1er novembre. | | | 400 | » |
| | | | 3 MARS. | | | | |
| 56 | 74/73 | GAJAC A VOISIN | **(Effets à recevoir.) Virement composé.** | | | | |
| | | | *Ma* remise de la traite Voisin au 1er décembre prochain..... | 600 | » | 600 | » |
| | | | 4 MARS. | | | | |
| 58 | 75/84 | DE CHAZOT. | **(Effets à recevoir.)** | | | | |
| | | | Négociation de ma remise en 6 effets, sur :<br>Maraine au 15 juin prochain.............. 2,060 »<br>Blondel » 5 mars.................... 800 »<br>Mallet » 10 août..................... 2,800 »<br>Lebrun » 5 septembre................ 1,200 »<br>Demoulin » 20 mai.................... 600 »<br>Arago » 10 septembre................. 6,000 » | 13,460 | » | | |

| FOLIOS du journal démotique. | FOLIOS du Grand-Livre. | NOMS DES PARTICULIERS et des COMPTES GÉNÉRAUX. | DÉTAIL DES ARTICLES. | DÉBIT. | CRÉDIT. |
|---|---|---|---|---|---|
| | | | 5 Mars 1871. | | |
| 58 | 73<br>75/84 | BLONDEL<br>A DE CHAZOT. | **(Virement simple.)** *Voir au folio* 35 *le renvoi* (2).<br>Retour de *ma* traite Blondel échue ce jour, impayée. 800 »<br>Protêt et frais de retour.......................... 10 » | 810 » | 810 » |
| 58 | 73 | BROUARD. | **(Marchandises.)**<br>Acheté 25 hect. 3/6 de Narbonne à 120 fr................ | | 3,000 » |
| | | | 6 Mars. | | |
| 58 | 75/84 | DE CHAZOT. | **(Caisse.)**<br>*Sa* remise espèces.................................... | | 8,000 » |
| | | | 7 Mars. | | |
| 58 | 74 | GAJAC. | **(Billets à payer.)** *Voir au f°* 29 *le renvoi* (1).<br>Acceptation de *son* mandat au 5 avril prochain............ | 1,600 » | |
| | | | 8 Mars. | | |
| 58 | 78 | RIPAMONTI. | **(Marchandises.)**<br>Vendu : 4 hect. 3/6 de Narbonne à 140 fr......... 560 »<br>1 » absinthe suisse.................. 190 »<br>1 pièce de Cognac.......................... 250 » | 1,000 » | |
| | | | 10 Mars. | | |
| 58 | 78 | CORDONNIER-SALMON. | **(Marchandises.)**<br>Vendu : 10 pièces de vin de Roussillon à 250 fr.. 2,500 »<br>4 » de Cognac à 300 fr.......... 1,200 »<br>12 hect. 3/6 de Narbonne à 130 fr...... 1,560 » | 5,260 » | |
| | | | 12 Mars. | | |
| 58 | 74 | GAJAC. | **(Marchandises.)**<br>Acheté 8 barriques de vin de Saint-Emilion à 300 fr........ | | 2,400 » |
| | | | 14 Mars. | | |
| 58 | 78 | CORDONNIER-SALMON. | **(Effets à recevoir.)** (1).<br>*Ma* traite sur lui au 20 mai prochain ........... 3,200 »<br>**(Pertes.)**<br>Diminution ou rabais sur ma facture du 10 mars.. 60 » | | 3,260 » |

(1) En recevant sa facture du 10 mars, M. Cordonnier-Salmon s'aperçoit que le prix du 3/6 est exagéré de 5 fr. par hectolitre. A cet effet, il vous écrit pour vous prévenir que si vous ne lui faites pas immédiatement une diminution de 60 francs, il laissera pour le compte de votre maison les 12 hectolitres de 3/6. On lui répond par retour du courrier que la maison a fait droit à sa juste réclamation. On fait donc entrer dans le compte général des effets à recevoir la traite de 3,200, et le rabais de 60 fr. dans la colonne *Pertes* (1re somme), et au Grand-Livre, dans la colonne *Créditeurs auxquels votre Maison doit*, 3,260 fr. (2e somme). A l'entrée du contrôle la même somme.

| FOLIOS du journal démotique. | FOLIOS du Grand-Livre. | NOMS DES PARTICULIERS et des COMPTES GÉNÉRAUX. | DÉTAIL DES ARTICLES. | DÉBIT. | CRÉDIT. |
|---|---|---|---|---|---|
| | | | 15 MARS 1871. | | |
| 58 | 74<br>78 | GAJAC<br>A RIPAMONTI. | **(Effets à recevoir.) Virement composé.**<br>*Ma* remise de la traite Ripamonti au 10 juillet prochain.....<br>*Voir au folio 32 le renvoi* (1). | 500 » | 500 » |
| | | | 16 MARS. | | |
| 58 | » | EFFETS A RECEVOIR. | **(Caisse.)** *Voir au f° 43 les renvois* (1) *et* (2).<br>Acheté au comptant à la Bourse de Paris 4 actions de 1,000 fr. du chemin de fer de Strasbourg, immatriculées sous les numéros 2.234 à 2,238.............................. | 3,200 » | 3,200 » |
| | | | 17 MARS. | | |
| 58 | 75/84 | DE CHAZOT. | **(Caisse.)**<br>*Sa* remise espèces.............. ....................... | | 6,000 » |
| | | | 18 MARS. | | |
| 58 | 78 | ARAGO. | **(Marchandises.)**<br>VENDU : 12 couverts en argent fin à 60 fr.......... 720 »<br>1 louche en argent fin.......... ...... 80 » | 800 » | |
| | | | 19 MARS. | | |
| 58 | 78 | CORDONNIER-SALMON. | **(Marchandises.)**<br>Vendu 4 pièces de vin de Rivesaltes à 500 fr ............. | 2,000 » | |
| | | | 20 MARS. | | |
| 58 | » | RÉGULATEUR. | **(Caisse et personnelles.)**<br>Diverses petites dépenses du 1er au 20 mars........ 80 »<br>Payé les notes du docteur et du pharmacien...... 120 »<br>Payé le bourrelier, le maréchal et le vétérinaire .... 60 » | 260 » | 260 » |
| | | | 22 MARS. | | |
| 58 | » | ACTIF. | **(Marchandises.)**<br>Reçu de ma propriété de St-Flour, provenant de mes récoltes :<br>40 pièces vin estimées au cours du jour à 80 fr. 3,200 } 6,200 »<br>50 sacs de blé estimés au cours du jour à 60 fr. 3,000 }<br>**(Caisse.)**<br>Reçu de M. Heckler, mon locataire du Bd Sébastopol.. 800 » | 7,000 » | 7,000 » |
| | | | 24 MARS. | | |
| 58 | » | MARCHANDISE. | **(Personnelles.)** (1).<br>4 pièces vin destinées à la consommation de ma famille, à 80 f 320<br>**(Pertes.)**<br>3 pièces vin expédiées à mon oncle à titre de cadeau, à 80 f 240 | 560 » | 560 » |

(1) Puisque cette marchandise est entrée dans votre magasin, il faut bien dire ce qu'elle est devenue ? Si elle est vendue, elle entrera dans la caisse ou on en débitera quelqu'un. Mais si, au contraire, elle est donnée ou consommée, il faut absolument la faire disparaître de l'actif pour la transformer en Pertes. 560 fr. sortent du magasin (1re somme) pour être reportés 1° dans la colonne *Personnelles* 320, et 2° dans la colonne *Pertes*, 240 égalant 560 (2e somme). Au contrôle : 560 fr. à l'entrée et 560 à la sortie. Au Grand-Livre : Rien.

| FOLIOS du Journal démo-tique. | FOLIOS du Grand-Livre. | NOMS DES PARTICULIERS et des COMPTES GÉNÉRAUX. | DÉTAIL DES ARTICLES. | DÉBIT. | | CRÉDIT. | |
|---|---|---|---|---|---|---|---|
| | | | 25 MARS 1871. | | | | |
| 58 | 75/84 | DE CHAZOT. | *Sa* remise, *son* compte-courant et d'intérêts au 1er juillet. | | | | |
| | | | **(Pertes.)** *Voir au f° 33 le renvoi* (1).<br>Intérêts 6 °/, sur 1,282,210 nombres, par 60 ....... 213 70<br>Commission 1 °/o sur 29,460 francs.. ............ 147 30<br>Change de place 1/4 °/o sur 28,650 francs......... 71 62<br>(*Voir au Registre des comptes-courants et d'intérêts, au f° 84.*) | | | 432 | 62 |
| | | | 28 MARS. | | | | |
| 60 | » | EFFETS À RECEVOIR. | **(Caisse.)** (1).<br>Vendu au comptant, au cours du jour de la Bourse de Paris, 4 actions de 1,000 francs du chemin de fer de Strasbourg, immatriculées sous les numéros 2,234 à 2,238......... .<br>(*Voir au f° 42.*) | 3,200 | » | 3,200 | » |
| 60 | » | ACTIF. | **(Caisse et profits.)** (2).<br>Bénéfices résultant de la vente de 4 actions du chemin de fer de Strasbourg ....... ....................... .......... | 800 | » | 800 | » |
| | | | 30 MARS. | | | | |
| 60 | 78 | GORDONNIER-SALMON. | **(Effets à recevoir.)**<br>*Son* B/ à mon O/ au 1er mai prochain........................ | | | 3,000 | » |
| 60 | 78 | ARAGO. | *Ma* traite sur lui au 15 juin » ..................... | | | 2,000 | » |
| 60 | 78 | RIPAMONTI. | » » 5 juillet » .. ..................... | | | 300 | » |
| 60 | 73 | BLONDEL. | » » 10 avril » . (3) ........ .... .. | | | 810 | » |
| | | | 31 MARS. | | | | |
| 60 | » | RÉGULATEUR. | **(Caisse et frais généraux.)**<br>Appointements des employés ........ ........... 300 »<br>Factage et pourboire du 15 au 31 courant ......... 50 » | 350 | » | 350 | » |

(1) Par suite d'une dépréciation quelconque, ces 4 actions de mille francs n'étaient cotées à la Bourse de Paris, du 15 mars dernier, qu'à 3,200 fr. Il est évident qu'on ne peut les faire entrer dans le portefeuille, c'est-à-dire au débit du compte général : Effets à recevoir, que pour 3,200, prix de cette transaction (1re somme) et par le crédit de la caisse (2e somme). Aujourd'hui 28 mars, ces quatre actions ont été revendues par votre maison au prix nominal de quatre mille francs, mais puisque ces 4 actions ne sont entrées dans le portefeuille que pour 3,200 fr., on comprendra sans peine qu'on ne peut les faire sortir pour 4,000 ; car, en supposant qu'il n'y ait dans la caisse d'une maison que 3,200 fr., il lui serait difficile d'en payer 4,000. Il en est de même pour les effets, ou pour les actions. 3,200 sortent donc du portefeuille (1re somme) pour être reportés dans la caisse (2e somme), mais comme elles ont été vendues 4,000 francs, la différence exprimant les bénéfices de 800 francs sera l'objet d'un article séparé. Voir ci-dessous le renvoi (2).

(2) Voir ci-dessus le renvoi (1). Puisque ces 4 actions ont été achetées 3,200 à la Bourse du 15 mars, et revendues 4,000 le 28 du même mois, il y a donc sur cette opération un bénéfice net de 800 francs réalisés par la maison. Conséquemment, 800 francs entrent dans la caisse (1re somme) et 800 fr. dans la colonne : Profits (2e somme). Au contrôle : 800 fr. à l'entrée et 800 fr. à la sortie, c'est-à-dire au débit et au crédit. Au Grand-Livre : Rien. Ces 800 fr. viennent naturellement augmenter l'actif.

(3) Par suite d'un regrettable malentendu, le caissier de la maison de Rothschild n'ayant pas cru devoir payer le billet Blondel, celui-ci m'écrit pour m'en expliquer les motifs ; en même temps il m'autorise à faire une nouvelle traite sur lui, au 10 avril prochain, de 850 fr., y compris les 10 fr. de frais pour solde de son compte général.

# JOURNAL DÉMOTIQUE

| Folios du Grand Livre | DATES des articles | NOMS DES PARTICULIERS et désignation des comptes généraux | MAGASIN. Entrée | MAGASIN. Sortie | CAISSE. Entrée | CAISSE. Sortie | EFFETS A RECEVOIR ou traites et portefeuille. Entrée | EFFETS A RECEVOIR Sortie | COMPTE RÉGULATEUR des profits et pertes. Dépenses | Frais | Pertes | Profits | BILLETS ET ACCEPTATIONS A PAYER. Entrée | Sortie | MEUBLES et IMMEUBLES. Entrée | Sortie | CONTRÔLE MATHÉMATIQUE. Entrée | Sortie | CONTRÔLE DES COMPTES PARTICULIERS. Débiteurs | Créditeurs |
|---|---|---|---|---|---|---|---|---|---|---|---|---|---|---|---|---|---|---|---|---|
| | | | Débit. | Crédit. | Débit. | Crédit. | Débit. | Crédit. | Débit. | | | Crédit. | Débit. | Crédit. | Débit. | Crédit. | Débiteurs. | Créditeurs. | | |
| 20 | 31 déc. 1870. | INVENTAIRE GÉNÉRAL DÉTAILLÉ..... | 80.000 | | 20.000 | | 10.000 | | | | | | | 10,000 | 30.000 | | 140.000 | 10.000 | | |
| 21 | 1er janv. 1871 | DUVAL (Vente de marchandises)......... | | 2.500 | | | | | | | | | | | | | | 2,500 | 2,500 | |
| 21 | Janvier 2. | DE LASALLE........................ | | 2,700 | | | | | | | | | | | | | | 2.700 | 2.700 | |
| 21 | » 3 | BOUILLET.......................... | | 2.250 | | | | | | | | | | | | | | 2.250 | 2,250 | |
| 21 | » 4 | RISPAL ET Cie...................... | | 1.400 | | | | | | | | | | | | | | 1.400 | 1.400 | |
| 21 | » 5 | DARGENT.......................... | | 150 | | | | | | | | | | | | | | 150 | 150 | |
| 21 | » 6 | MARAINE ET Cie..................... | | 7.200 | | | | | | | | | | | | | | 7.200 | 7.200 | |
| 21 | » 7 | BLONDEL.......................... | | 210 | | | | | | | | | | | | | | 210 | 210 | |
| 22 | Janvier 8. | BROUARD (Achat de marchandises)....... | 2.000 | | | | | | | | | | | | | | 2,000 | | | 2,000 |
| 22 | » 10 | PREMPAIN......................... | | 1.500 | | | | | | | | | | | | | | 1.500 | 1,500 | |
| 22 | » 12 | MARTEL........................... | | 680 | | | | | | | | | | | | | | 680 | 680 | |
| 22 | » 14 | AUBERTIN......................... | | 1.200 | | | | | | | | | | | | | | 1.200 | 1,200 | |
| 22 | » 15 | DEMOULIN......................... | | 1.000 | | | | | | | | | | | | | | 1.000 | 1.000 | |
| 22 | » 16 | LEBRUN........................... | | 600 | | | | | | | | | | | | | | 600 | 600 | |
| 22 | » 17 | LERICHE.......................... | | 800 | | | | | | | | | | | | | | 800 | 800 | |
| 22 | » 18 | LESPINASSE........................ | | 680 | | | | | | | | | | | | | | 680 | 680 | |
| 23 | Janvier 20 | MARCHANDISES (Recette du jour)........ | | 6,000 | 6.000 | | | | | | | | | | | | 6,000 | 6.000 | | |
| 23 | » 21 | RÉGULATEUR (Dépenses personnelles).... | | | | 750 | | | 750 | | | | | | | | 750 | 750 | | |
| 23 | » 22 | BONS............................. | | 1,280 | | | | | | | | | | | | | | 1,280 | 1,280 | |
| 23 | » 23 | COLLIN........................... | | 610 | | | | | | | | | | | | | | 610 | 610 | |
| 23 | » 24 | VOISIN........................... | | 288 | | | | | | | | | | | | | | 288 | 288 | |
| | | *A reporter*.......... | 82,000 | 31.234 | 26,000 | 750 | 10,000 | | 780 | | | | | 10,000 | 30,000 | | 148,750 | 41,984 | 25.234 | 2,000 |

Voir le contrôle mathématique de cette page en F° 82.

Déposé par l'auteur, conformément à la Loi.

Vente de registres de commerce, rue Saint-André-des-Arts, à Paris.

| Folio du brouillard | Dates des articles extraits du brouillard | Noms des particuliers et désignation des comptes généraux | Magasin — Marchandises achetées et vendues par la maison. Entrée, c'est-à-dire : achats. (Débit.) | Magasin Sortie, c'est-à-dire : vente. (Crédit.) | Caisse — Espèces reçues et payées par la maison. Entrées, c'est-à-dire : reçu. (Débit.) | Caisse Sortie, c'est-à-dire : payé. (Crédit.) | Effets à recevoir et traites en portefeuille. Entrée, c'est-à-dire : reçus. (Débit.) | Effets Sortie, c'est-à-dire : remis en paiement ou encaissés. (Crédit.) | Compte régulateur des profits et pertes. Dépenses personnelles et de Maison (Débit.) | Frais généraux de l'établissement commercial (Débit.) | Pertes, escomptes, rabais, faillites, etc. (Débit.) | Profits réalisés par la Maison (Crédit.) | Billets en acceptation à payer. Entrée (Débit.) | Billets Sortie (Crédit.) | Meubles et immeubles. Entrée (Débit.) | Meubles Sortie (Crédit.) | Contrôle mathématique. Entré dans la Maison (Débiteurs.) | Contrôle Sorti de la Maison (Créditeurs.) | Contrôle des comptes particuliers. Débiteurs qui doivent à la Maison. | Créditeurs auxquels la Maison doit. |
|---|---|---|---|---|---|---|---|---|---|---|---|---|---|---|---|---|---|---|---|---|
| | 1871 | *Report.......* | 82,000 | 31,234 | 26,000 | 750 | 10,000 | | 750 | | | | | 10,000 | 30,000 | | 158,750 | 41,284 | 25,234 | 2,000 |
| 24 | Janvier 25 | RÉGULATEUR (Frais généraux de l'établist). | | | | 1,000 | | | | 1,000 | | | | | | | 1,000 | 1,000 | | |
| 24 | » 25 | EFFETS A RECEVOIR (Encaissemt d'un effet) | | | 5,400 | | | 5,400 | | | | | | | | | 5,400 | 5,400 | | |
| 24 | » 25 | BILLETS A PAYER (Acquit de mon Billet). | | | | 6,000 | | | | | | | 6,000 | | | | 6,000 | 6,000 | | |
| 25 | Janvier 26 | DUVAL.......... | | 8,400 | | | | | | | | | | | | | | 8,400 | 8,400 | |
| 25 | » 26 | MARAINE ET Cie.......... | | 1,800 | | | | | | | | | | | | | | 1,800 | 1,800 | |
| 27 | » 26 | BLONDEL.......... | | 1,040 | | | | | | | | | | | | | | 1,040 | 1,040 | |
| 25 | » 27 | DARGENT.......... | | 880 | | | | | | | | | | | | | | 880 | 880 | |
| 25 | » 27 | BOUILLET.......... | | 380 | | | | | | | | | | | | | | 380 | 380 | |
| 25 | » 28 | BISPAL ET Cie.......... | | 800 | | | | | | | | | | | | | | 800 | 800 | |
| 25 | » 28 | DE LASALLE.......... | | 2,400 | | | | | | | | | | | | | | 2,400 | 2,400 | |
| 25 | » 28 | BROUARD.......... | 900 | | | | | | | | | | | | | | 900 | | | 900 |
| 25 | » 29 | PREMPAIN.......... | | 510 | | | | | | | | | | | | | | 510 | 510 | |
| 25 | » 29 | AUBERTIN.......... | | 1,200 | | | | | | | | | | | | | | 1,200 | 1,200 | |
| 26 | Janvier 30 | DUVAL (A-compte en espèces avec escompte) | | | 2,730 | | | | | | 164 | | | | | | 2,000 | | | 2,000 |
| 26 | » 30 | BROUARD (A-compte remis par la maison).. | | | | 340 | | | | | | 20 | | 300 | | | | 900 | 900 | |
| 26 | » 30 | EFFETS A RECEVOIR.......... | | | 4,600 | | | 4,600 | | | | | | | | | 4,600 | 4,600 | | |
| 26 | » 30 | BILLETS A PAYER.......... | | | | 4,000 | | | | | | | 4,000 | | | | 4,000 | 4,000 | | |
| 26 | » 31 | AUBERTIN.......... | | 400 | | | | | | | | | | | | | | 400 | 400 | |
| | | Totaux du mois de janvier à reporter à la récapitulation des mois de l'année, au fo 61.......... | 82,000 | 49,014 | 38,730 | 12,130 | 10,000 | 10,000 | 750 | 1,000 | 164 | 20 | 10,000 | 10,300 | 30,000 | | 173,380 | 81,694 | 13,944 | 3,800 |

(Voir le contrôle mathématique de cette page au fo 62.

| Folios du brouillard | Dates des articles détaillés au brouillard | Noms des particuliers et désignation des comptes généraux | Magasin — Marchandises achetées et vendues par la Maison. Entrée, c'est-à-dire : achats. (Débit.) | Magasin. Sortie, c'est-à-dire : ventes. (Crédit.) | Caisse — Espèces reçues et payées par la Maison. Entrées, c'est-à-dire : reçu. (Débit.) | Caisse. Sortie, c'est-à-dire : payé. (Crédit.) | Effets à recevoir et traites en portefeuille. Entrée, c'est-à-dire : reçus. (Débit.) | Effets à recevoir. Sortie, c'est-à-dire : remis en paiement et escompté. (Crédit.) |
|---|---|---|---|---|---|---|---|---|
| 27 | Février 1er. | BICHOFFE (Vente d'un immeuble) | | | | | | |
| 27 | » 2 | RISPAL ET Cie (Ma traite sur lui) | | | | | 1,000 | |
| 27 | » 2 | PRÉVEL | | 3,200 | | | 3,200 | |
| 27 | » 2 | VOISIN | | 1,500 | | | | |
| 27 | » 3 | COLLIN | | 400 | | | | |
| 28 | Février 4 | MARTEL | | 2,000 | | | | |
| 28 | » 4 | DEMOULIN | | 240 | | | | |
| 28 | » 5 | LEBRUN | | 1,110 | | | | |
| 28 | » 5 | LEBICHE | | 600 | | | | |
| 28 | » 6 | LESPINASSE | | 570 | | | | |
| 28 | » 6 | BONS | | 1,380 | | | | |
| 28 | » 7 | BICHOFFE (Sa remise sur la Banque de France) | | | 10,000 | | | |
| 28 | » 7 | BANQUE DE FRANCE (Ma remise en 2 effets) | | | | | | 4,200 |
| 29 | Février 8 | DUVAL | | | | | 2,000 | |
| 29 | » 8 | DE LASALLE | | | | | 2,760 | |
| 29 | » 8 | BOUILLET | | | | | 2,240 | |
| 29 | » 8 | RISPAL ET Cie | | | | | 700 | |
| 29 | » 8 | DARGENT | | | | | 190 | |
| 29 | » 8 | MARAINE ET Cie | | | | | 3,000 | |
| | | *A reporter* | | 11,000 | 10,000 | | 15,090 | 4,200 |

| Noms des particuliers | Compte régulateur de profits et pertes. Dépenses personnelles et de Maison (Débit.) | Frais généraux de l'établissement commercial (Débit.) | Pertes, escomptes, rabais, faillites, etc. (Débit.) | Profits réalisés par ma Maison (Crédit.) | Billets et acceptations à payer souscrits et acceptés par ma Maison au profit des tiers. Entrée : billets payés à leur échéance par ma Maison (Débit.) | Billets. Sortie, mis en circulation (Crédit.) | Meubles et immeubles, mobilier et matériel industriel. Entrée, c'est-à-dire : achats ou loyers (Débit.) | Meubles et immeubles. Sortie, c'est-à-dire : vente (Crédit.) | Contrôle mathématique de toutes les opérations générales détaillées au brouillard et aux livres auxiliaires. Entré dans la Maison, c'est-à-dire : dans les comptes (Débiteurs.) | Contrôle mathématique. Sorti de la Maison, c'est-à-dire : dans les comptes (Créditeurs.) | Contrôle des comptes particuliers reportés au grand-livre. Débiteurs qui doivent à ma Maison | Contrôle. Créditeurs auxquels ma Maison doit |
|---|---|---|---|---|---|---|---|---|---|---|---|---|
| BICHOFFE (Vente d'un immeuble) | | | | | | | | 30,000 | | 30,000 | 30,000 | |
| RISPAL ET Cie (Ma traite sur lui) | | | | | | | | | 1,000 | | | 1,000 |
| PRÉVEL | | | | | | | | | 3,200 | 3,200 | 3,200 | 3,200 |
| VOISIN | | | | | | | | | | 1,500 | 1,500 | |
| COLLIN | | | | | | | | | | 400 | 400 | |
| MARTEL | | | | | | | | | | 2,000 | 2,000 | |
| DEMOULIN | | | | | | | | | | 240 | 240 | |
| LEBRUN | | | | | | | | | | 1,110 | 1,110 | |
| LEBICHE | | | | | | | | | | 600 | 600 | |
| LESPINASSE | | | | | | | | | | 570 | 570 | |
| BONS | | | | | | | | | | 1,380 | 1,380 | |
| BICHOFFE (Sa remise sur la Banque de France) | | | | | | | | | 10,000 | | | 10,000 |
| BANQUE DE FRANCE (Ma remise en 2 effets) | | | | | | | | | | 4,200 | 4,200 | |
| DUVAL | | | | | | | | | 2,000 | | | 2,000 |
| DE LASALLE | | | | | | | | | 2,760 | | | 2,760 |
| BOUILLET | | | | | | | | | 2,240 | | | 2,240 |
| RISPAL ET Cie | | | | | | | | | 700 | | | 700 |
| DARGENT | | | | | | | | | 190 | | | 190 |
| MARAINE ET Cie | | | | | | | | | 3,000 | | | 3,000 |
| *A reporter* | | | | | | | | 30,000 | 25,090 | 45,200 | 45,200 | 25,090 |

Voir le contrôle mathématique de cette page au fº 97.

| Folios du Grand-livre | Dates des articles | Noms des particuliers et désignation des comptes généraux | Magasin — Entrées (Débit) | Magasin — Sorties (Crédit) | Caisse — Entrées (Débit) | Caisse — Sorties (Crédit) | Effets à recevoir — Entrées (Débit) | Effets à recevoir — Sorties (Crédit) | Compte régulateur des profits et pertes — Dépenses personnelles et de maison (Débit) | Frais généraux (Débit) | Pertes (Débit) | Profits (Crédit) | Billets et acceptations à payer — Entrée (Débit) | Billets — Sortie (Crédit) | Meubles et immeubles — Entrée (Débit) | Meubles et immeubles — Sortie (Crédit) | Contrôle mathématique — Entrée (Débiteurs) | Contrôle mathématique — Sortie (Créditeurs) | Contrôle des comptes particuliers — Débiteurs | Contrôle des comptes particuliers — Créditeurs |
|---|---|---|---|---|---|---|---|---|---|---|---|---|---|---|---|---|---|---|---|---|
| | | *Report* | | 11.300 | 10,083 | | 13,090 | 4,200 | | | | | | | | 30,000 | 25,080 | 45,550 | 45,300 | 25,000 |
| 29 | Février 8 | GAJAC | 5.540 | | | | | | | | | | | | | | 5.540 | | | 5.540 |
| 29 | » 9 | BROCARD (Acceptation de son mandat) | | | | | | | | | | | | 1,000 | | | | 1.000 | 1.000 | |
| 29 | » 10 | DE CHAZOT (Ma remise en 5 effets) | | | | | | 10,700 | | | | | | | | | | 10.700 | 10,700 | |
| 29 | » 11 | MARTEL | | 500 | | | | | | | | | | | | | | 500 | 500 | |
| 30 | Février 12 | MARTEL | | | 1,100 | | | | | | | | | | | | 1.100 | | | 1.100 |
| 30 | » 12 | PREMPAIN | | | 470 | | 500 | | | | 30 | | | | | | 1.000 | | | 1,000 |
| 30 | » 12 | BLONDEL | | | | | 480 | | | | | | | | | | 480 | | | 480 |
| 30 | » 12 | DEMOULIN | | | | | 640 | | | | | | | | | | 640 | | | 640 |
| 30 | » 12 | LEBRUN | | | | | 900 | | | | | | | | | | 900 | | | 900 |
| 30 | » 12 | LESPINASSE | | | | | 1.250 | | | | | | | | | | 1,250 | | | 1.250 |
| 30 | » 12 | BONS | | | | | 1,700 | | | | | | | | | | 1.700 | | | 1.700 |
| 30 | » 12 | COLLIN | | | | | 500 | | | | | | | | | | 500 | | | 500 |
| 30 | » 14 | DE CHAZOT | | 5,300 | | | | | | | | | | | | | | 5.300 | 5,300 | |
| 30 | » 14 | CARBONEL (Marchandises en consignation) | | 10,800 | | | | | | | | | | | | | | 10.800 | 10,800 | |
| 31 | Février 15 | MARCHANDISES (frais de transport) | 130 | | | 130 | | | | | | | | | | | 130 | 130 | | |
| 31 | » 15 | RÉGASSAT à DE LASALLE (Virem^t simple) | | | | | | | | | | | | | | | | | 840 | 840 |
| 31 | » 16 | AUBERTIN | | | 970 | | 600 | | | | 30 | | | | | | 1.600 | | | 1.600 |
| 31 | » 16 | LERICHE | | | 475 | | 400 | | | | 25 | | | | | | 900 | | | 900 |
| | | *A reporter* | 5,670 | 27.900 | 13,033 | 130 | 22.120 | 14.900 | | | 105 | | | 1,000 | | 30,000 | 40,830 | 73,900 | 74.700 | 41.600 |

(Voir le contrôle mathématique de cette page au f° 6d.)

| Folios du Brouillard | Dates des articles détaillés au Brouillard | Noms des particuliers et désignation des groupes généraux | Magasin (Marchandises achetées et vendues par la Maison) Entrée, c'est-à-dire : achats — Débit | Magasin Sortie, c'est-à-dire : ventes — Crédit | Caisse (Espèces reçues et payées par la Maison) Entrée, c'est-à-dire : reçu — Débit | Caisse Sortie, c'est-à-dire : payé — Crédit | Effets à recevoir et traites en portefeuille Entrée, c'est-à-dire : reçu — Débit | Effets à recevoir Sortie, c'est-à-dire : remis en paiement et comptés — Crédit | Compte régulateur dit profits et pertes: Dépenses personnelles et de Maison — Débit | Frais généraux de l'établissement commercial — Débit | Pertes, escomptes, rabais, faillites, etc. — Débit | Profits réalisés par la Maison — Crédit | Billets et acceptations à payer Entrée — Débit | Billets Sortie mis en circulation — Crédit | Meubles et immeubles Entrée, c'est-à-dire achats — Débit | Meubles et immeubles Sortie, c'est-à-dire ventes — Crédit | Contrôle mathématique Entré dans la Maison — Débiteurs | Contrôle mathématique Sorti de la Maison — Créditeurs | Contrôle des comptes particuliers Débiteurs qui doivent à la Maison | Contrôle des comptes particuliers Créditeurs auxquels la Maison doit |
|---|---|---|---|---|---|---|---|---|---|---|---|---|---|---|---|---|---|---|---|---|
| | | *Report* ....... | 3,870 » | 27,980 » | 43,035 » | 130 » | 22,120 » | 14,900 » | » » | » » | 105 » | » » | » » | 1,000 » | » » | 30,000 » | 40,930 » | 73,990 » | 71,700 » | 41,000 » |
| 32 | Février 17 | GAJAC A MARAINE ET Cie (Virement composé) | | | | | 3,540 » | 3,540 » | | | | | | | | | 3,540 » | 3,540 » | 3,540 » | 3,540 » |
| 32 | » 17 | VOISIN (Retour de marchandises) ........ | 259 20 | | | | | | | | 28 80 | | | | | | 288 » | | | 288 » |
| 33 | Février 17 | BANQUE DE FRANCE (Sa remise en espèces) | | | 4,161 25 | | | | | | 38 75 | | | | | | 4,200 » | | | 4,200 » |
| 33 | » 17 | SIMON ........................ | | 1,200 » | | | 1,200 » | | | | | | | | | | 1,200 » | 1,200 » | 1,200 » | 1,200 » |
| 34 | Février 18 | BROUARD ........................ | 12,000 » | | | | | | | | | | | | | | 12,000 » | | | 12,000 » |
| 34 | » 18 | DE CHAZOT ........................ | | | 4,000 » | | | | | | | | | | | | 4,000 » | | | 4,000 » |
| 34 | » 18 | MALLET A CARBONEL (Virement simple) | | | | | | | | | | | | | | | | | 2,800 » | 2,800 » |
| 34 | » 19 | BÉGASSAT ........................ | | | | | 110 » | | | | | | | | | | 110 » | | | 110 » |
| 34 | » 19 | MEUBLES ET IMMEUBLES Achat de chevaux | | | | 9,000 » | | | | | | | | | 9,000 » | | 9,000 » | 9,000 » | | |
| 34 | » 19 | PREMPAIN ........................ | | | | | 200 » | | | | | | | | | | 200 » | | | 200 » |
| 34 | » 19 | RÉGULATEUR ........................ | | | | 800 » | | | | 800 » | | | | | | | 800 » | 800 » | | |
| 35 | Février 20 | ACTIF (Héritage provenant d'une succession) | | | 20,000 » | | | | | | | 50,000 » | | | 30,000 » | | 50,000 » | 50,000 » | | |
| 35 | » 21 | PREVEL A BANQUE DE FRANCE Virement. | | | | | | | | | | | | | | | | | 3,230 » | 3,230 » |
| 36 | Février 22 | LESPINASSE (Insolvable) ............ | | | | | | 1,250 » | | | 1,250 » | | | | | | 1,250 » | 1,250 » | 1,250 » | 1,250 » |
| 36 | » 24 | DE CHAZOT ........................ | | | 5,000 » | | | | | | | | | | | | 5,000 » | | | 5,000 » |
| 36 | » 24 | BILLETS A PAYER (Acquit) ............ | | | | 1,000 » | | | | | | | 1,000 » | | | | 1,000 » | 1,000 » | | |
| 37 | Février 25 | PRÉVEL (Déclaré en faillite. Pertes) ....... | | | 323 » | | | | | | 2,907 » | | | | | | 3,230 » | | | 3,230 » |
| 37 | » 25 | SIMON (Passé à l'étranger. Pertes) ....... Débiter [illegible] | | | | | | | | | 1,200 » | | | | | | 1,200 » | | 1,200 » | 1,200 » |
| | | *A reporter* ....... | 17,929 20 | 29,180 » | 46,839 25 | 10,930 » | 27,300 » | 19,690 » | » » | 800 » | 5,529 30 | 50,000 » | 1,000 » | 1,000 » | 39,000 » | 30,000 » | 138,298 » | 150,780 » | 87,920 » | 84,238 » |

(Voir le contrôle mathématique de cette page au f° 62.)

| Folios du journal | Dates des articles | Noms des particuliers et désignation des comptes généraux | Magasin — Entrée (Débit) | Magasin — Sortie (Crédit) | Caisse — Entrée (Débit) | Caisse — Sortie (Crédit) | Effets à recevoir — Entrée (Débit) | Effets à recevoir — Sortie (Crédit) | Compte régulateur — Dépenses personnelles et de maison (Débit) | Compte régulateur — Frais généraux (Débit) | Compte régulateur — Pertes, escomptes, rabais, faillites, etc. (Débit) | Compte régulateur — Profits (Crédit) | Billets et acceptation à payer — Entrée (Débit) | Billets et acceptation à payer — Sortie (Crédit) | Meubles et immeubles — Entrée (Débit) | Meubles et immeubles — Sortie (Crédit) | Contrôle mathématique — Entré (Débiteurs) | Contrôle mathématique — Sorti (Créditeurs) | Contrôle des comptes particuliers — Débiteurs | Contrôle des comptes particuliers — Créditeurs |
|---|---|---|---|---|---|---|---|---|---|---|---|---|---|---|---|---|---|---|---|---|
| | | *Report* | 17.929 20 | 29.100 » | 46.539 21 | 10.930 » | 27.300 » | 19.690 » | | 800 » | 5.529 32 | 30.000 » | 1.000 » | 1.000 » | 39.000 » | 30.000 » | 138.298 » | 140.780 » | 87.920 » | 84.238 » |
| 37 | Février 26 | MARCHANDISES (Achat au comptant) | 2.000 » | | | 2.000 » | | | | | | | | | | | 2.000 » | 2.000 » | | |
| 38 | Février 27 | MEUBLES ET IMMEUBLES Perte d'un cheval | | | 250 » | | | | | | 1.150 » | | | | | 1.400 » | 1.400 » | 1.400 » | | |
| 38 | » 27 | DUVAL (le créditer de ses remises) | 1.700 » | | 3.000 » | | | | | | | | | | | | 4.700 » | | | 4.700 » |
| 38 | » 27 | BICHOFFE | | | 14.000 » | | | | | | | | | | | | 14.000 » | | | 14.000 » |
| 38 | » 27 | RÉGULATEUR (Entretien de mes propriétés) | | | | 410 » | | | | | 410 » | | | | | | 410 » | 410 » | | |
| 39 | Février 28 | ACTIF (Lespinasse vient solder son compte) | | | 2.000 » | | | | | | | 2.000 » | | | | | 2.000 » | 2.000 » | | |
| 39 | » 28 | ARAGO A CARBONEL | | | | | | | | | | | | | | | | | 8.000 » | 8.000 » |
| 39 | » 28 | RÉGULATEUR (Envoi de 1,000 fr. à Carbonel) | | | | 1.000 » | | | | 1.000 » | | | | | | | 1.000 » | 1.000 » | | |
| 39 | » 28 | BANQUE DE FRANCE (Son compte courant) | | | | 3.233 76 | | | | | 3 76 | | | | | | 3 76 | 3.233 76 | 3.233 76 | 3 76 |
| 39 | » 28 | BROUARD | | | | 12.000 » | | | | | | | | | | | | 12.000 » | 12.000 » | |
| | | Totaux du mois de février à reporter à la récapitulation des mois de l'année, au f° 64 | 21.629 20 | 29.100 » | 65.789 21 | 29.573 76 | 27.300 » | 19.690 » | | 1.800 » | 7.093 32 | 32.000 » | 1.000 » | 1.000 » | 39.000 » | 31.400 » | 163.811 76 | 162.823 76 | 111.153 76 | 110.941 76 |

(Voir le contrôle mathématique de cette page au f° 92.)

| Folios du grand-livre | Dates des articles détaillés au brouillard | | Noms des particuliers et désignation des comptes généraux | Magasin. Marchandises achetées et vendues par la maison. Entrée, c'est-à-dire : acheté. Débit. | Magasin. Sortie, c'est-à-dire : vendu. Crédit. | Caisse. Espèces reçues et payées par la maison. Entrée, c'est-à-dire : reçu. Débit. | Caisse. Sortie, c'est-à-dire : payé. Crédit. | Effets à recevoir et traites en portefeuille. Entrée, c'est-à-dire : reçu. Débit. | Effets à recevoir. Sortie, c'est-à-dire : remis ou provenant ou escompté. Crédit. | Compte régulateur de profits et pertes. Dépenses personnelles et de Maison. Débit. | Frais généraux de l'établissement commercial. Débit. | Pertes, escomptes, rabais, faillites, etc. Débit. | Profits réalisés par ma Maison. Crédit. | Billets et acceptations à payer, souscrits ou acceptés par ma Maison au profit des créanciers. Entrée : retirés ou acquittés à l'échéance par ma Maison. Débit. | Billets. Sortie : souscrits ou acceptés. Crédit. | Meubles et immeubles, outillage et matériel industriel. Entrée, c'est-à-dire : acheté ou établi. Débit. | Meubles. Sortie, c'est-à-dire : vendu. Crédit. | Contrôle mathématique de toutes les opérations portées détaillées au Brouillard et aux Livres auxiliaires. Il faut inscrire ici tout ce qui est : Entré dans la maison, c'est-à-dire dans les comptes. Débiteurs. | Sorti de la maison, c'est-à-dire dans les comptes. Créditeurs. | Contrôle des comptes particuliers reportés au Grand-Livre. Débiteurs qui doivent à ma Maison. | Créditeurs auxquels ma Maison doit. |
|---|---|---|---|---|---|---|---|---|---|---|---|---|---|---|---|---|---|---|---|---|---|
| 40 | Mars | 1er | MARTEL | | | 1,500 | | | | | | | | | | | | 1,500 | | | 1,500 |
| 40 | » | 1er | DUVAL | | | 800 | | | | | | | | | | | | 800 | | | 800 |
| 40 | » | 1er | BICHOFFE | | | 4,000 | | | | | | | | | | | | 4,000 | | | 4,000 |
| 40 | » | 1er | DE LASALLE | | | 960 | | | | | | | | | | | | 900 | | | 900 |
| 40 | » | 1er | BOUILLET | | | 380 | | | | | | | | | | | | 380 | | | 380 |
| 40 | » | 1er | LEBICHE | | | 500 | | | | | | | | | | | | 500 | | | 500 |
| 40 | » | 1er | DARGENT | | | 616 | | | | | | | | | | | | 616 | | | 616 |
| 40 | » | 1er | BONS | | | 1,000 | | | | | | | | | | | | 1,000 | | | 1,000 |
| 40 | » | 1er | PREMPAIN | | | 510 | | | | | | | | | | | | 510 | | | 510 |
| 40 | Mars | 2 | MARAINE ET Cie | | | | | 2,000 | | | | | | | | | | 2,000 | | | 2,000 |
| 40 | » | 2 | BLONDEL | | | | | 800 | | | | | | | | | | 800 | | | 800 |
| 40 | » | 2 | MALLET | | | | | 2,800 | | | | | | | | | | 2,800 | | | 2,800 |
| 40 | » | 2 | LEBRUN | | | | | 1,200 | | | | | | | | | | 1,200 | | | 1,200 |
| 40 | » | 2 | DEMOULAN | | | | | 600 | | | | | | | | | | 900 | | | 900 |
| 40 | » | 2 | ARAGO | | | | | 6,000 | | | | | | | | | | 6,000 | | | 6,000 |
| 40 | » | 2 | COLLIN | | | | | 600 | | | | | | | | | | 600 | | | 600 |
| 40 | » | 2 | BÉGASSAT | | | | | 400 | | | | | | | | | | 500 | | | 500 |
| 40 | Mars | 3 | GAJAC A VOISIN | | | | | 600 | 600 | | | | | | | | | 600 | 600 | 600 | 600 |
| | | | *A reporter* | | | 10,196 | | 15,000 | 600 | | | | | | | | | 25,250 | 600 | 600 | 25,250 |

(Voir le contrôle mathématique de cette page au fo 68.)

| FOLIOS DU GRAND-LIVRE | DATES des articles (mois) | (jour) | NOMS DES PARTICULIERS et DÉSIGNATION DES COMPTES GÉNÉRAUX | MAGASIN. Marchandises achetées et vendues par la Maison. ENTRÉES, c'est-à-dire : achetées. DÉBIT. | MAGASIN. SORTIES, c'est-à-dire : vendues. CRÉDIT. | CAISSE. Espèces reçues et payées par ma Maison. ENTRÉE, c'est-à-dire : reçu. DÉBIT. | CAISSE. SORTIE, c'est-à-dire : payé. CRÉDIT. | EFFETS À RECEVOIR et traites en portefeuille. ENTRÉES, c'est-à-dire : reçus. DÉBIT. | EFFETS À RECEVOIR. SORTIE, c'est-à-dire : remis en paiement et escomptés. CRÉDIT. | COMPTE RÉGULATEUR des profits et pertes. DÉPENSES personnelles et de Maison. DÉBIT. | COMPTE RÉGULATEUR. FRAIS GÉNÉRAUX de l'établissement commercial. DÉBIT. | COMPTE RÉGULATEUR. PERTES. DÉBIT. | COMPTE RÉGULATEUR. PROFITS réalisés par ma Maison. CRÉDIT. | BILLETS et acceptations à payer. ENTRÉE. DÉBIT. | BILLETS. SORTIE. CRÉDIT. | MEUBLES et IMMEUBLES, matériel et outillage industriel. ENTRÉE, c'est-à-dire : achetés. DÉBIT. | MEUBLES et IMMEUBLES. SORTIE, c'est-à-dire : vendus. CRÉDIT. | CONTRÔLE MATHÉMATIQUE. ENTRÉ dans la Maison, c'est-à-dire tous les comptes. DÉBITEURS. | CONTRÔLE MATHÉMATIQUE. SORTI de la Maison, c'est-à-dire tous les comptes. CRÉDITEURS. | CONTRÔLE des comptes particuliers. DÉBITEURS qui doivent à ma Maison. | CONTRÔLE des comptes particuliers. CRÉANCIERS auxquels ma Maison doit. |
|---|---|---|---|---|---|---|---|---|---|---|---|---|---|---|---|---|---|---|---|---|---|
| | | | *Report* | | | 10,196 | | 15,060 | 600 | | | | | | | | | 25,256 | 600 | 600 | 25,256 |
| 40 | Mars | 4 | DE CHAZOT | | | | | | 13.460 | | | | | | | | | | 13,460 | 13.460 | |
| 41 | Mars | 5 | BLONDEL A DE CHAZOT (Virement simple) | 3,000 | | | | | | | | | | | | | | | | 810 | 810 |
| 41 | » | 5 | BROCARD | | | | | | | | | | | | | | | 3,000 | | | 3,000 |
| 41 | » | 6 | DE CHAZOT | | | 8.000 | | | | | | | | | | | | 8,000 | | | 8,000 |
| 41 | » | 7 | GAJAC | | | | | | | | | | | | 1,600 | | | | 1,600 | 1,600 | |
| 41 | » | 8 | RIPAMONTI | | 1.000 | | | | | | | | | | | | | | 1,000 | 1,000 | |
| 41 | » | 10 | CORDONNIER-SALMON | | 5.260 | | | 3,200 | | | | | | | | | | | 5 260 | 5,260 | |
| 41 | » | 12 | GAJAC | 2.400 | | | | 500 | 500 | | | | | | | | | 2,400 | | | 2,400 |
| 41 | » | 14 | CORDONNIER-SALMON (...) | | | | | 3.200 | | | | 60 | | | | | | 3,260 | | | 3,260 |
| 42 | Mars | 15 | GAJAC A RIPAMONTI | | | | | | | | | | | | | | | 500 | 500 | 500 | 500 |
| 42 | » | 16 | EFFETS A RECEVOIR (...) | | | | 3.200 | | | | | | | | | | | 3,200 | 3,200 | | |
| 42 | » | 17 | DE CHAZOT | | | 6.000 | | | | | | | | | | | | 6.000 | | | 6,000 |
| 42 | » | 18 | ARAGO | | 800 | | | | | | | | | | | | | | 800 | 800 | |
| 42 | » | 19 | CORDONNIER-SALMON | | 2.000 | | | | | | | | | | | | | | 2,000 | 2,000 | |
| 42 | » | 20 | RÉGULATEUR | | | | 260 | | | | | 260 | | | | | | 260 | 260 | | |
| 42 | » | 22 | ACTIF (...) | 6.200 | | 800 | | | | | | | 7,000 | | | | | 7,000 | 7,000 | | |
| 42 | » | 23 | MARCHANDISES (...) | | 560 | | | | | 320 | | 240 | | | | | | 560 | 560 | | |
| 43 | » | 23 | DE CHAZOT (...) | | | | | | | | | 432 02 | | | | | | 432 02 | | | 432 02 |
| | | | *A reporter* | 11.600 | 9,620 | 24,996 | 3,460 70 | 21,960 | 14,560 | 320 | | 992,02 | 7,000 | | 1,600 | | | 59,868 02 | 36,210 | 26,030 | 49,658 02 |

(Voir le contrôle mathématique de cette page au f° 63.)

14

| Folios du brouillard | Dates des articles | | Noms des particuliers et désignation des comptes généraux | Magasin — Entrée (débit) | Magasin — Sortie (crédit) | Caisse — Entrée (débit) | Caisse — Sortie (crédit) | Effets à recevoir et traites en portefeuille — Entrée (débit) | Effets à recevoir — Sortie (crédit) | Compte régulateur de profits et pertes — Dépenses personnelles et de Maison (débit) | Frais généraux de l'établissement commercial (débit) | Pertes, escomptes, rabais, faillites, etc. (débit) | Profits réalisés par ma Maison (crédit) | Billets et acceptations à payer — Entrée (débit) | Billets — Sortie (crédit) | Meubles et immeubles — Entrée, c'est-à-dire achetés (débit) | Meubles et immeubles — Sortie, c'est-à-dire vendus (crédit) | Contrôle mathématique — Entrée dans la Maison (débiteurs) | Contrôle mathématique — Sortie de la Maison (créditeurs) | Contrôle des comptes particuliers — Débiteurs qui doivent à ma Maison | Créanciers auxquels ma Maison doit |
|---|---|---|---|---|---|---|---|---|---|---|---|---|---|---|---|---|---|---|---|---|---|
| | 1871 | | *Report* | 11,000 » | 9,620 » | 24,906 » | 3,500 » | 21,960 » | 14,080 » | 320 » | » | 992 02 | 7,000 » | » | 1,600 » | » | » | 59,868 02 | 36,240 » | 26,030 » | 49,898 02 |
| 53 | Mars | 28 | EFFETS A RECEVOIR (vente de diverses) | » | » | 3,200 » | » | » | 3,200 » | » | » | » | » | » | » | » | » | 3,200 » | 3,200 » | » | » |
| 53 | » | 28 | ACTIF (bénéfice réalisé sur la vente de 6 actions) | » | » | 800 » | » | » | » | » | » | » | 800 » | » | » | » | » | 800 » | 800 » | » | » |
| 53 | » | 30 | CORDONNIER-SALMON | » | » | » | » | 3,000 » | » | » | » | » | » | » | » | » | » | 3,000 » | » | » | 3,000 » |
| 53 | » | 30 | ARAGO | » | » | » | » | 2,000 » | » | » | » | » | » | » | » | » | » | 2,000 » | » | » | 2,000 » |
| 53 | » | 30 | RIPAMONTI | » | » | » | » | 300 » | » | » | » | » | » | » | » | » | » | 300 » | » | » | 300 » |
| 53 | » | 30 | BLONDEL (billet au 10 avril. Pour solde.) | » | » | » | » | 810 » | » | » | » | » | » | » | » | » | » | 810 » | » | » | 810 » |
| 53 | » | 31 | RÉGULATEUR | » | » | » | 350 » | » | » | » | 350 » | » | » | » | » | » | » | 350 » | 350 » | » | » |
| | | | Totaux du mois de mars, à reporter à la récapitulation des mois de l'année, au fº 64 | 11,000 » | 9,630 » | 28,906 » | 3,850 » | 28,070 » | 17,280 » | 320 » | 350 » | 992 02 | 7,800 » | » | 1,600 » | » | » | 70,338 02 | 40,590 » | 26,030 » | 56,708 02 |

(Voir le contrôle mathématique de cette page au fº 62.)

**1re PAGE, AU F° 44 (1).**

GRAND-LIVRE. Débiteurs : 95,231 » | Créditeurs : 2,000 »

| | ENTRÉE. Tous les comptes débiteurs. | | SORTIE. Tous les comptes créditeurs. | |
|---|---|---|---|---|
| Marchandises | 82,000 | » | 31,234 | » |
| Caisse | 26,000 | » | 750 | » |
| Effets à recevoir | 10,000 | » | » | » |
| Régulateur | 750 | » | » | » |
| Billets à payer | » | » | 10,000 | » |
| Meubles et immeubles | 30,000 | » | » | » |
| Totaux | 148,750 | » | 41,984 | » |

Contrôle mathématique du Journal. Entrée .. 148,750 » / Sortie .. 41,984 »

**2e PAGE, AU F° 46.**

GRAND-LIVRE. Débiteurs : 33,914 » | Créditeurs : 5,300 »

| | ENTRÉE. Tous les comptes débiteurs. | | SORTIE. Tous les comptes créditeurs. | |
|---|---|---|---|---|
| Marchandises | 92,900 | » | 49,044 | » |
| Caisse | 28,736 | » | 12,130 | » |
| Effets à recevoir | 10,000 | » | 10,000 | » |
| Régulateur | 1,914 | » | 20 | » |
| Billets à payer | 10,000 | » | 10,300 | » |
| Meubles et immeubles | 30,000 | » | » | » |
| Totaux | 173,550 | » | 81,094 | » |

Contrôle mathématique du Journal. Entrée .. 173,550 » / Sortie .. 81,094 »

**3e PAGE, AU F° 48.**

GRAND-LIVRE. Débiteurs : 45,560 » | Créditeurs : 25,000 »

| | ENTRÉE. Tous les comptes débiteurs. | | SORTIE. Tous les comptes créditeurs. | |
|---|---|---|---|---|
| Marchandises | » | » | 11,360 | » |
| Caisse | 10,000 | » | » | » |
| Effets à recevoir | 15,000 | » | 4,200 | » |
| Régulateur | » | » | » | » |
| Billets à payer | » | » | » | » |
| Meubles et immeubles | » | » | 30,000 | » |
| Totaux | 25,000 | » | 45,560 | » |

Contrôle mathématique du Journal. Entrée .. 25,000 » / Sortie .. 45,560 »

**4e PAGE, AU F° 50.**

GRAND-LIVRE. Débiteurs : 74,300 » | Créditeurs : 41,660 »

| | ENTRÉE. Tous les comptes débiteurs. | | SORTIE. Tous les comptes créditeurs. | |
|---|---|---|---|---|
| Marchandises | 5,670 | » | 27,860 | » |
| Caisse | 13,035 | » | 130 | » |
| Effets à recevoir | 22,120 | » | 14,000 | » |
| Régulateur | 105 | » | » | » |
| Billets à payer | » | » | 1,000 | » |
| Meubles et immeubles | » | » | 30,000 | » |
| Totaux | 40,930 | » | 73,990 | » |

Contrôle mathématique du Journal. Entrée .. 40,930 » / Sortie .. 73,990 »

**5e PAGE, AU F° 52.**

GRAND-LIVRE. Débiteurs : 87,290 » | Créditeurs : 84,234 »

| | ENTRÉE. Tous les comptes débiteurs. | | SORTIE. Tous les comptes créditeurs. | |
|---|---|---|---|---|
| Marchandises | 17,920 | 20 | 23,160 | » |
| Caisse | 46,638 | 91 | 10,930 | » |
| Effets à recevoir | 27,500 | » | 19,690 | » |
| Régulateur | 6,320 | 89 | 50,000 | » |
| Billets à payer | 1,000 | » | 1,000 | » |
| Meubles et immeubles | 39,000 | » | 36,000 | » |
| Totaux | 138,208 | » | 140,780 | » |

Contrôle mathématique du Journal. Entrée .. 138,208 » / Sortie .. 140,780 »

**6e PAGE, AU F° 54.**

GRAND-LIVRE. Débiteurs : 111,453 76 | Créditeurs : 110,911 76

| | ENTRÉE. Tous les comptes débiteurs. | | SORTIE. Tous les comptes créditeurs. | |
|---|---|---|---|---|
| Marchandises | 21,629 | 20 | 29,160 | » |
| Caisse | 65,789 | 24 | 29,573 | 76 |
| Effets à recevoir | 27,500 | » | 19,080 | » |
| Régulateur | 8,893 | 32 | 32,000 | » |
| Billets à payer | 1,000 | » | 1,000 | » |
| Meubles et immeubles | 39,000 | » | 31,400 | » |
| Totaux | 163,811 | 76 | 142,823 | 76 |

Contrôle mathématique du Journal. Entrée .. 163,811 76 / Sortie .. 142,823 76

(1) Il faudra faire tracer au crayon, un petit tableau comme celui-ci pour l'addition de chaque page du Journal.

**7e PAGE, AU F° 56.**

GRAND-LIVRE. Débiteurs : 600 » | Créditeurs : 25,250 »

| | ENTRÉE. Tous les comptes débiteurs. | | SORTIE. Tous les comptes créditeurs. | |
|---|---|---|---|---|
| Marchandises | » | » | » | » |
| Caisse | 10,190 | » | » | » |
| Effets à recevoir | 15,060 | » | 600 | » |
| Régulateur | » | » | » | » |
| Billets à payer | » | » | » | » |
| Meubles et immeubles | » | » | » | » |
| Totaux | 25,250 | » | 600 | » |

Contrôle mathématique du Journal. Entrée .. 25,250 » / Sortie .. 600 »

**8e PAGE, AU F° 58.**

GRAND-LIVRE. Débiteurs : 20,030 » | Créditeurs : 39,838 62

| | ENTRÉE. Tous les comptes débiteurs. | | SORTIE. Tous les comptes créditeurs. | |
|---|---|---|---|---|
| Marchandises | 11,600 | » | 9,620 | » |
| Caisse | 24,000 | » | 3,400 | » |
| Effets à recevoir | 21,956 | » | 11,500 | » |
| Régulateur | 1,312 | 62 | 7,000 | » |
| Billets à payer | » | » | 1,000 | » |
| Meubles et immeubles | » | » | » | » |
| Totaux | 58,868 | 62 | 30,210 | » |

Contrôle mathématique du Journal. Entrée .. 58,868 62 / Sortie .. 36,240 »

**9e PAGE, AU F° 60.**

GRAND-LIVRE. Débiteurs : 36,030 » | Créditeurs : 35,798 62

| | ENTRÉE. Tous les comptes débiteurs. | | SORTIE. Tous les comptes créditeurs. | |
|---|---|---|---|---|
| Marchandises | 11,600 | » | 9,620 | » |
| Caisse | 28,800 | » | 3,810 | » |
| Effets à recevoir | 28,070 | » | 17,700 | » |
| Régulateur | 1,858 | 62 | 7,800 | » |
| Billets à payer | » | » | 1,600 | » |
| Meubles et immeubles | » | » | » | » |
| Totaux | 70,328 | 62 | 40,500 | » |

Contrôle mathématique du Journal. Entrée .. 70,328 62 / Sortie .. 40,500 »

**10e PAGE, AU F° 64.**
A LA RÉCAPITULATION DES MOIS DE L'ANNÉE.

GRAND-LIVRE. Débiteurs : 111,127 76 | Créditeurs : 112,540 38

| | ENTRÉE. Tous les comptes débiteurs. | | SORTIE. Tous les comptes créditeurs. | |
|---|---|---|---|---|
| Marchandises | 116,129 | 20 | 81,821 | » |
| Caisse | 133,524 | 24 | 45,313 | 76 |
| Effets à recevoir | 65,570 | » | 47,450 | » |
| Régulateur | 12,400 | 94 | 30,820 | » |
| Billets à payer | 11,000 | » | 13,100 | » |
| Meubles et immeubles | 69,000 | » | 31,100 | » |
| Totaux | 407,090 | 38 | 285,107 | 76 |

Contrôle mathématique du Journal. Entrée .. 407,090 38 / Sortie .. 285,107 76

### Opérations générales de chaque jour, reportées en masse du Brouillard au Journal, sur une seule ligne.

Sans doute, ainsi que le prescrit la loi (articles 8-17 du Code de commerce et 586 de la loi sur les faillites), l'on doit reporter exactement au Journal, jour par jour et article par article, toutes les opérations détaillées au Brouillard ; cependant, malgré tout le respect dû à la loi, il est quelquefois bien difficile de s'y conformer entièrement.

*Il y a* certaines branches de commerce, telles que : épiciers, droguistes, faïenciers, quincailliers, merciers, libraires, papetiers et tant d'autres, dont le détail de la vente à crédit est minime et souvent réitéré. On conviendra franchement que, pour passer en partie double les uns après les autres une quantité de ces petits articles, cela prendrait un temps considérable que les commerçants ne peuvent réellement pas perdre.

Pour concilier cette difficulté, il faudra réunir et additionner en masse toutes les opérations faites le même jour au comptant et à crédit, et reporter le total au Journal ainsi qu'il suit :

Opérations de la journée : écrire le total de l'entrée et de la sortie de la marchandise, de la caisse, des effets à recevoir, du régulateur, des billets à payer et des meubles et immeubles. Additionner tous les débits des six comptes généraux et porter le total à l'entrée du contrôle, et tous les crédits à la sortie, et au Grand-Livre du Journal tous les débiteurs et les créditeurs en masse. Ensuite, on reprend le Brouillard, d'où on extrait les articles qui ont été achetés ou vendus à crédit, et on les reporte séparément au registre Grand-Livre au débit et au crédit des clients de la journée. Ce n'est pas difficile et ce n'est qu'une affaire de quelques minutes tous les soirs pour avoir des écritures irréprochables tenues en partie double.

| Folios du Brouillard | Dates des articles détaillés au Brouillard | Noms des particuliers et désignation des comptes généraux | Magasin. Marchandises achetées et vendues par ma Maison. Entrée, c'est-à-dire : achat. Débit. | Magasin. Sortie, c'est-à-dire : vente. Crédit. | Caisse. Espèces reçues et payées par ma Maison. Entrée, c'est-à-dire : reçu. Débit. | Caisse. Sortie, c'est-à-dire : payé. Crédit. | Effets à recevoir et traites en portefeuille. Entrée, c'est-à-dire : reçu. Débit. | Effets à recevoir. Sortie, c'est-à-dire : remis en paiement et payés. Crédit. | Compte régulateur de profits et pertes. Dépenses personnelles et de Maison. Débit. | Frais généraux de l'établissement commercial. Débit. | Pertes, escomptes, rabais, faillites, etc. Débit. | Profits réalisés par ma Maison. Crédit. | Billets et acceptations à payer. Souscrits ou acceptés par ma Maison au profit des créanciers. Entrée. Débit. | Billets. Sortie. Crédit. | Meubles et immeubles mobiliers et matériel industriel. Entrée. Débit. | Meubles et immeubles. Sortie, c'est-à-dire vente. Crédit. | Contrôle mathématique de toutes les opérations générales détaillées au Brouillard et aux Livres auxiliaires. Entré dans la Maison, c'est-à-dire tous les comptes. Débiteurs. | Contrôle mathématique. Sorti de la Maison, c'est-à-dire tous les comptes. Créditeurs. | Contrôle des comptes particuliers reportés au Grand-Livre. Débiteurs qui doivent à ma Maison. | Contrôle. Créditeurs auxquels ma Maison doit. |
|---|---|---|---|---|---|---|---|---|---|---|---|---|---|---|---|---|---|---|---|---|
| | | JANVIER | 82,800 » | 49,044 » | 38,736 » | 12,130 » | 10,000 » | 10,000 » | 750 » | 1,000 » | 164 » | 20 » | 10,000 » | 40,300 » | 30,000 » | » » | 173,590 » | 84,694 » | 43,944 » | 5,800 » |
| | | FÉVRIER | 21,629 20 | 29,180 » | 65,790 24 | 29,573 76 | 27,500 » | 11,000 » | » » | 1,800 » | 7,093 32 | 52,000 » | 1,000 » | 1,000 » | 39,000 » | 31,400 » | 161,811 76 | 152,823 76 | 111,153 76 | 110,941 76 |
| | | MARS | 14,600 » | 9,620 » | 28,996 » | 3,810 » | 28,070 » | 17,780 » | 320 » | 350 » | 992 02 | 7,800 » | » » | 1,600 » | » » | » » | 70,328 02 | 40,590 » | 26,030 » | 55,708 02 |
| | | AVRIL | | | | | | | | | | | | | | | | | | |
| | | MAI | | | | | | | | | | | | | | | | | | |
| | | JUIN | | | | | | | | | | | | | | | | | | |
| | | JUILLET | | | | | | | | | | | | | | | | | | |
| | | AOUT | | | | | | | | | | | | | | | | | | |
| | | SEPTEMBRE | | | | | | | | | | | | | | | | | | |
| | | OCTOBRE | | | | | | | | | | | | | | | | | | |
| | | NOVEMBRE | | | | | | | | | | | | | | | | | | |
| | | DÉCEMBRE | | | | | | | | | | | | | | | | | | |
| | | Totaux des douze mois de l'année 1871 | 119,129 20 | 87,824 » | 133,521 24 | 45,513 76 | 65,570 » | 47,430 » | 1,070 » | 3,150 » | 8,249 34 | 59,820 » | 11,000 » | 13,400 » | 69,000 » | 31,400 » | 407,090 38 | 286,107 76 | 181,127 76 | 172,510 38 |
| | | A déduire la marchandise vendue | 87,824 » | 20 » | | | | | | | | | | | | | | | 172,510 38 | |
| | | Mais comme elle a été frappée de 20 % de bénéfice, il faut les déduire et en ajouter le total à celle qui existe déjà, soit | 28,305 20 / 17,364 80 | 17,364 80 | | | | | | | | | | | | | | | 8,617 38 | (1) |
| | | | 45,870 » | | | | | | | | | | | | | | | | | |

NOTA. — Il est expressément recommandé au chef de maison de faire additionner à la fin de chaque mois toutes les colonnes du Journal démotique et de reporter les totaux, [illegible]

[illegible]

Example : Le total des comptes débiteurs est de . . . . . . . . 181,127 76
Et celui des créditeurs est de . . . . . . . . 172,510 38

Conséquemment le produit de la construction en faveur des débiteurs sera de . . . . . . . . 8,617 38

[illegible]

(1) [illegible]

# RÉCAPITULATION

DES OPÉRATIONS GÉNÉRALES DE LA **Maison LEPRINCE** PENDANT L'ANNÉE 1871.

| | | | |
|---|---|---|---|
| MARCHANDISES GÉNÉRALES | ENTRÉE (1). | 116,129 20 | |
| | SORTIE | 87,824 » | |
| | Il reste en magasin, d'après l'inventaire détaillé | | 45,870 » |
| CAISSE | ENTRÉE | 133,521 24 | |
| | SORTIE | 45,513 76 | |
| | Il reste en caisse | | 88,007 48 |
| EFFETS A RECEVOIR | ENTRÉE | 65,570 » | |
| | SORTIE | 47,450 » | |
| | Il reste en portefeuille | | 18,120 » |
| MEUBLES ET IMMEUBLES | ENTRÉE | 69,000 » | |
| | SORTIE | 31,400 » | |
| | Il reste | | 37,600 » |
| GRAND-LIVRE | DÉBITEURS (les porter à l'actif) | 181,127 76 | |
| | CRÉDITEURS (les porter au passif) | 172,510 38 | |
| BILLETS A PAYER | SORTIE (souscrits et mis en circulation) | 13,100 » | |
| | ENTRÉE (acquittés à l'échéance) | 11,000 » | |
| | Il reste à payer | | 2,100 » |

*(Voir les totaux du Journal démotique aux folios* 60-61.)

En faisant l'inventaire détaillé, comme la loi le prescrit, le chef de maison a trouvé des marchandises en magasin pour la somme de 45,870 francs (Voir au f° 11 le livre des inventaires que la loi prescrit, et au f° 13 lorsque dans l'année le chef de la maison désire connaître sa position approximative. Voir le renvoi (1) au f° 64.)

(2) Le 31 décembre, c'est-à-dire lorsque toutes les écritures sont balancées, le compte général Régulateur cesse de fonctionner et doit disparaître tout-à-fait, absolument comme s'il n'existait pas ; son action commence le 1er janvier pour ne finir qu'au 31 décembre de chaque année, c'est-à-dire jusqu'à ce que toutes les opérations de la maison soient régularisées et complétement liquidées. Ensuite on établit définitivement l'inventaire général qui clôt la gestion. (Voir ci-contre au f° 67.)

# INVENTAIRE GÉNÉRAL [1]

## DE MES EFFETS ACTIFS ET PASSIFS

A L'ÉPOQUE DU 31 MARS 1871

**Conformément à l'article 4 du Code de Commerce**

| | | | | | |
|---|---|---|---|---|---|
| ACTIF.... | Marchandises générales en magasin. | | | 45,890 | » |
| | Espèces en caisse. | | | 88,007 | 48 |
| | Effets à recevoir en portefeuille. | | | 18,120 | » |
| | Meubles et immeubles. | | | 37,600 | » |
| | Débiteurs divers au Grand-Livre. | | | 181,127 | 76 |
| | TOTAL DE L'ACTIF. | | | 370,745 | 24 |
| PASSIF... | Billets à payer. | 3,010 | » | 175,520 | 38 |
| | Créditeurs divers au Grand-Livre. | 172,510 | 38 | | |
| | PASSIF DÉDUIT DE L'ACTIF. | | | 195,224 | 86 |
| | CAPITAL DU DERNIER INVENTAIRE (31 décembre 1870). | | | 130,000 | » |
| | BÉNÉFICES NETS. | | | 65,224 | 86 |

Certifié sincère et véritable le présent inventaire général, fait à Paris, le 31 décembre 1871.

LEPRINCE,

*négociant et commissionnaire en marchandises,*
Boulevard Sébastopol n° 46.

**Pour copie conforme:**

*Le Comptable de la maison* LEPRINCE,
CHAVANNES aîné.

(1) Il est indispensable que le présent inventaire général soit scrupuleusement détaillé au Livre des Inventaires que la loi prescrit de faire tous les ans. (*Voir au f°* 18.)
(2) 31 mar ssignifie 31 décembre 1871. parce que, n'ayant donné comme exemple de comptabilité commerciale que les opérations de trois mois, néanmoins on clôture les écritures comme si l'année entière y avait figuré.

# RÉPERTOIRE ALPHABÉTIQUE

## DES COMPTES PARTICULIERS INSCRITS AU GRAND-LIVRE

# GRAND-LIVRE

| NOMS ET DOMICILES DES PARTICULIERS. | FOLIOS DU BROUILLARD | DATES des ARTICLES DÉTAILLÉS au Brouillard. | DÉBITEURS qui doivent A LA MAISON. | | CRÉDITEURS auxquels LA MAISON DOIT. | |
|---|---|---|---|---|---|---|
| **DUVAL**<br>Négociant,<br>A VERSAILLES. | 21 | Janvier . . 1er | 2,500 | » | | |
| | 25 | » 26 | 8,400 | » | | |
| | 26 | » 30 | | | 2,900 | » |
| | 29 | Février . . 8 | | | 2,000 | » |
| | 38 | » 27 | | | 4,700 | » |
| | 40 | Mars . . . 1er | | | 800 | » |
| | | BALANCE . . . . | | | 500 | » |
| | | | 10,900 | » | 10,900 | » |
| | | *Débiteur* . . . . | 500 | » | | |
| **BICHOFFE**<br>Chef d'institution,<br>*Rue d'Aboukir, n° 55,*<br>A PARIS. | 27 | Février . . 1er | 30,000 | » | » | » |
| | 28 | » 7 | | | 10,000 | » |
| | 38 | » 27 | | | 14,000 | » |
| | 40 | Mars . . . 1er | | | 4,000 | » |
| | | BALANCE. . . . | | | 2,000 | » |
| | | | 30,000 | » | 30,000 | » |
| | | *Débiteur* . . . . | 2,000 | » | | |
| **DE LASALLE**<br>Directeur de l'Ecole supérieure<br>DE BOURGES. | 21 | Janvier. . . 2 | 2,760 | » | | |
| | 25 | » 28 | 2,400 | » | | |
| | 29 | Février . . 8 | | | 2,760 | » |
| | 31 | » 15 | | | 840 | » |
| | 40 | Mars . . 1er | | | 960 | » |
| | | BALANCE . . . . | | | 600 | » |
| | | | 5,160 | » | 5,160 | » |
| | | *Débiteur* . . . . | 600 | » | | |

| NOMS ET DOMICILES DES PARTICULIERS. | FOLIOS DU BROUILLARD | DATES des ARTICLES DÉTAILLÉS au Brouillard. | DÉBITEURS qui doivent A LA MAISON. | | CRÉDITEURS auxquels LA MAISON DOIT. | |
|---|---|---|---|---|---|---|
| **RISPAL ET C^ie^** Négociants, *Rue d'Orléans*, n° 9, AU HAVRE. | 21 | Janvier . . . 4 | 1,400 | » | | |
| | 25 | » 28 | 800 | » | | |
| | 27 | Février . . . 2 | | | 1,000 | » |
| | 29 | » 8 | | | 700 | » |
| | | BALANCE . . . . | | | 500 | » |
| | | | 2,200 | » | 2,200 | » |
| | | *Débiteur* . . . . | 500 | » | | |
| **BOUILLET** A NEVERS. | 21 | Janvier . . . 3 | 2,240 | » | | |
| | 25 | » 27 | 380 | » | | |
| | 29 | Février . . . 8 | | | 2,240 | » |
| | 40 | Mars . . . 1er | | | 380 | » |
| | | | 2,620 | » | 2,620 | » |
| **PRÉVEL** A ROUEN. | 27 | Février . . . 2 | 3,200 | » | 3,200 | » |
| | 35 | » 21 | 3,230 | » | » | » |
| | 37 | » 25 | » | » | 3,230 | » |
| | | | 6,430 | » | 6,430 | » |

| NOMS ET DOMICILES DES PARTICULIERS. | FOLIOS DU BROUILLARD | DATES des ARTICLES DÉTAILLÉS au Brouillard. | DÉBITEURS qui doivent A LA MAISON. | | CRÉDITEURS auxquels LA MAISON DOIT. | |
|---|---|---|---|---|---|---|
| **LERICHE** | 22 | Janvier . . 17 | 800 | » | | |
| *Rue Saint-Sauveur*, n° 20, | 28 | Février . . . 5 | 600 | » | | |
| PARIS. | 31 | » 16 | | | 900 | » |
| | 40 | Mars . . . 1er | | | 500 | » |
| | | | 1,400 | » | 1,400 | » |
| **LESPINASSE** | 22 | Janvier . . 18 | 680 | » | | |
| A SAINT-ETIENNE, | 28 | Février . . . 6 | 570 | » | | |
| | 30 | » 12 | » | » | 1,250 | » |
| | 36 | » 22 | 1,250 | » | 1,250 | » |
| | | | 2,500 | » | 2,500 | » |
| **DARGENT** | 21 | Janvier . . . 5 | 156 | » | | |
| Fabricant de bijouterie, | 25 | » 27 | 880 | » | | |
| *Rue Charlot*, n° 26, | 29 | Février . . . 8 | | | 190 | » |
| A PARIS. | 40 | Mars . . . 1er | | | 646 | » |
| | | BALANCE . . . . | | | 200 | » |
| | | | 1,036 | » | 1,036 | » |
| | | *Débiteur* . . . . | 200 | » | | |

| NOMS ET DOMICILES DES PARTICULIERS. | FOLIOS DU BROUILLARD | DATES des ARTICLES DÉTAILLÉS au Brouillard. | DÉBITEURS qui doivent A LA MAISON. | | CRÉDITEURS auxquels LA MAISON DOIT. | |
|---|---|---|---|---|---|---|
| | 23 | Janvier . . 22 | 1,280 | » | | |
| | 28 | Février . . . 6 | 1,480 | » | | |
| | 30 | » 12 | | | 1,760 | » |
| **BONS** | 40 | Mars . . . 1er | | | 1,000 | » |
| Inspecteur primaire, | | | 2,760 | » | 2,760 | » |
| A TARBES. | | | | | | |
| | 21 | Janvier . . . 6 | 7,200 | » | | |
| | 25 | » 26 | 1,800 | » | | |
| | 29 | Février . . . 8 | | | 3,000 | » |
| **MARAINE ET Cie** | 32 | » 17 | | | 3,540 | » |
| Négociants, | 40 | Mars . . . . 2 | | | 2,060 | » |
| AU HAVRE. | | BALANCE . . . . | | | 400 | » |
| | | | 9,000 | » | 9,000 | » |
| | | *Débiteur* . . . . | 400 | | | |
| | 23 | Janvier . . 23 | 640 | » | | |
| | 27 | Février . . . 3 | 460 | » | | |
| | 30 | » 12 | | | 500 | » |
| **COLLIN** | 40 | Mars . . . . 2 | | | 600 | » |
| A BOULOGNE-SUR-MER. | | | 1,100 | » | 1,100 | » |

| NOMS ET DOMICILES DES PARTICULIERS. | FOLIOS DU BROUILLARD | DATES des ARTICLES DÉTAILLÉS au Brouillard. | DÉBITEURS qui doivent A LA MAISON. | | CRÉDITEURS auxquels LA MAISON DOIT. | |
|---|---|---|---|---|---|---|
| BLONDEL | 21 | Janvier. . . 7 | 240 | » | | |
| Constructeur, | 25 | » 26 | 1,040 | » | | |
| A MAROMME | 30 | Février . . 12 | | | 480 | » |
| (Seine-Inférieure). | 40 | Mars . . . . 2 | | | 800 | » |
| | 41 | » 5 | 810 | » | | |
| | 43 | » 30 | | | 810 | » |
| | | | 2,090 | » | 2,090 | » |
| VOISIN | 23 | Janvier . . 24 | 288 | » | | |
| A TOURS. | 27 | Février . . . 2 | 1,400 | » | | |
| | 32 | » 17 | | | 288 | » |
| | 40 | Mars . . . . 3 | | | 600 | » |
| | | BALANCE . . . . | | | 800 | » |
| | | | 1,688 | » | 1,688 | » |
| | | *Débiteur* . . . . | 800 | » | | |
| BROUARD | 22 | Janvier. . . 8 | | | 2,000 | » |
| Négociant, | 25 | » 28 | | | 900 | » |
| A SANCERRE. | 26 | » 30 | 900 | » | | |
| | 29 | Février . . . 9 | 1,000 | » | | |
| | 34 | » 18 | | | 12,000 | » |
| | 39 | » 28 | 12,000 | » | | |
| | 41 | Mars. . . . 5 | | | 3,000 | » |
| | | BALANCE . . . . | 4,000 | » | | |
| | | | 17,900 | » | 17,900 | » |
| | | *Créditeur* . . . . | | | 4,000 | » |

| NOMS ET DOMICILES DES PARTICULIERS. | FOLIOS DU BROUILLARD. | DATES des ARTICLES DÉTAILLÉS au Brouillard. | DÉBITEURS qui doivent A LA MAISON. | | CRÉDITEURS auxquels LA MAISON DOIT. | |
|---|---|---|---|---|---|---|
| BANQUE DE FRANCE<br>A PARIS. | 28 | Février . . . 7 | 4,200 | » | | |
| | 33 | » 17 | | | 4,200 | » |
| | 35 | » 21 | | | 3,230 | » |
| | 39 | » 28 | 3,233 | 76 | 3 | 76 |
| | | | 7,433 | 76 | 7,433 | 76 |
| PREMPAIN<br>Chef d'institution,<br>A CAEN. | 22 | Janvier . . 10 | 1,500 | » | | |
| | 25 | » 29 | 510 | » | | |
| | 30 | Février . . 12 | | | 1,000 | » |
| | 34 | » 19 | | | 200 | » |
| | 40 | Mars . . . 1er | | | 510 | » |
| | | BALANCE . . . . | | | 300 | » |
| | | | 2,010 | » | 2,010 | » |
| | | *Débiteur* . . . . | 300 | » | | |
| GAJAC<br>Négociant,<br>*Cours du Jardin-Public, n° 71,*<br>A BORDEAUX. | 29 | Février . . . 8 | | | 5,540 | » |
| | 32 | » 17 | 3,540 | » | | |
| | 40 | Mars . . . . 3 | 600 | » | | |
| | 41 | » 7 | 1,600 | » | | |
| | 41 | » 12 | | | 2,400 | » |
| | 42 | » 15 | 500 | » | | |
| | | BALANCE . . . . | 1,700 | » | | |
| | | | 7,940 | » | 7,940 | » |
| | | *Créditeur* . . . | | | 1,700 | » |

| NOMS ET DOMICILES DES PARTICULIERS. | FOLIOS DU BROUILLARD | DATES des ARTICLES DÉTAILLÉS au Brouillard. | DÉBITEURS qui doivent A LA MAISON. | | CRÉDITEURS auxquels LA MAISON DOIT. | |
|---|---|---|---|---|---|---|
| | 22 | Janvier . . 12 | 660 | » | | |
| | 28 | Février . . . 4 | 2,000 | » | | |
| | 29 | » 11 | 500 | » | | |
| MARTEL | 30 | » 12 | | | 1,160 | » |
| Principal du collége | 40 | Mars . . . 1er | | | 1,400 | » |
| DE BOULOGNE-SUR-MER. | | BALANCE. . . . | | | 600 | » |
| | | | 3,160 | » | 3,160 | » |
| | | *Débiteur* . . . . | 600 | » | | |
| | 29 | Février . . 10 | 10,700 | » | | |
| | 30 | » 14 | 5,300 | » | | |
| | 34 | » 18 | | | 4,000 | » |
| DE CHAZOT | 36 | » 23 | | | 5,000 | » |
| Banquier, | 40 | Mars . . . . 4 | 13,460 | » | » | » |
| *Rue Amelot, n° 58,* | 41 | » 5 | | | 810 | » |
| A PARIS. | 41 | » 6 | | | 8,000 | » |
| | 42 | » 17 | | | 6,000 | » |
| | 43 | » 25 | | | 432 | 62 |
| | | BALANCE . . . . | | | 5,217 | 38 |
| | | | 29,460 | » | 29,460 | » |
| | | *Débiteur* . . . . | 5,217 | 38 | | |
| | 22 | Janvier . . 14 | 1,200 | » | | |
| | 25 | » 29 | 1,200 | » | | |
| | 26 | » 31 | 400 | » | | |
| AUBERTIN | 31 | Février . . 16 | » | » | 1,600 | » |
| *Boulevard Montparnasse, n° 129,* | | BALANCE . . . . | » | » | 1,200 | » |
| A PARIS. | | | 2,800 | » | 2,800 | » |
| | | *Débiteur* . . . . | 1,200 | » | | |

| NOMS ET DOMICILES DES PARTICULIERS. | FOLIOS DU BROUILLARD. | DATES des ARTICLES DÉTAILLÉS au Brouillard. | DÉBITEURS qui doivent A LA MAISON. | | CRÉDITEURS auxquels LA MAISON DOIT. | |
|---|---|---|---|---|---|---|
| **Marchandises en consignation.** | 30 | Février . . 14 | 10,800 | » | » | » |
| | 34 | » 18 | | | 2,800 | » |
| CARBONEL | 39 | » 28 | | | 8,000 | » |
| Représentant de commerce, | | | 10,800 | » | 10,800 | » |
| *Rue Saint-Martin, n° 4,* | | | | | | |
| A PERPIGNAN. | | | | | | |
| | 22 | Janvier . . 15 | 1,000 | » | | |
| | 28 | Février . . . 4 | 240 | » | | |
| | 30 | » 12 | | | 640 | » |
| DEMOULIN | 40 | Mars . . . . 2 | | | 600 | » |
| *Place de la Cathédrale, n° 10,* | | | 1,240 | » | 1,240 | » |
| A TROYES. | | | | | | |
| | 31 | Février . . 15 | 840 | » | | |
| | 34 | » 19 | | | 440 | » |
| | 40 | Mars . . . . 2 | | | 400 | » |
| BÉGASSAT | | | 840 | » | 840 | » |
| Professeur au Lycée impérial | | | | | | |
| DE BOURGES. | | | | | | |

| NOMS ET DOMICILES DES PARTICULIERS. | FOLIOS DU BROUILLARD | DATES des ARTICLES DÉTAILLÉS au Brouillard. | DÉBITEURS qui doivent A LA MAISON. | | CRÉDITEURS auxquels LA MAISON DOIT. | |
|---|---|---|---|---|---|---|
| **LEBRUN** A LISIEUX | 22 | Janvier . . 16 | 690 | » | | |
| | 28 | Février . . . 5 | 1.410 | » | | |
| | 30 | » 12 | | | 900 | » |
| | 40 | Mars . . . . 2 | | | 1,200 | » |
| | | | 2,100 | » | 2,100 | » |
| **MALLET** *Hôtel du Nord,* A PERPIGNAN. | 34 | Février . . 18 | 2,800 | » | | |
| | 40 | Mars . . . 2 | | | 2,800 | » |
| | | | 2,800 | » | 2,800 | » |
| **SIMON** A ROUEN. | 33 | Février . . 17 | 1,200 | » | 1,200 | » |
| | 37 | » 25 | 1.200 | » | 1,200 | » |
| | | | 2.400 | » | 2,400 | » |

| NOMS ET DOMICILES DES PARTICULIERS. | FOLIOS DU BROUILLARD | DATES des ARTICLES DÉTAILLÉS au Brouillard. | DÉBITEURS qui doivent À LA MAISON. | | CRÉDITEURS auxquels LA MAISON DOIT. | |
|---|---|---|---|---|---|---|
| | 39 | Février . . 28 | 8.000 | » | | |
| | 40 | Mars . . . . 2 | | | 6,000 | » |
| | 42 | » 18 | 800 | » | | |
| E. ARAGO | 43 | » 30 | | | 2,000 | » |
| A ESTAGEL | | BALANCE . . . . | | | 800 | » |
| (Pyrénées-Orientales). | | | 8.800 | » | 8,800 | » |
| | | *Débiteur* . . . . | 800 | | | |
| | 41 | Mars . . . . 8 | 1,000 | » | | |
| | 42 | » 15 | | | 500 | » |
| | 43 | » 30 | | | 300 | » |
| RIPAMONTI | | BALANCE . . . . | | | 200 | » |
| Médecin | | | 1,000 | » | 1,000 | » |
| A BORDEAUX. | | *Débiteur* . . . . | 200 | » | | |
| | 41. | Mars. . . . 10 | 5,260 | » | | |
| | 41 | » 14 | | | 3,260 | » |
| | 42 | » 19 | 2,000 | » | | |
| CORDONNIER-SALMON | 43 | » 30 | | | 3,000 | » |
| Négociant | | BALANCE . . . . | | | 1,000 | » |
| A ARRAS. | | | 7,260 | » | 7,260 | » |
| | | *Débiteur* . . . . | 1,000 | » | | |

NOUVEAU

# GRAND-LIVRE

DE 1872

| NOMS ET DOMICILES DES PARTICULIERS. | FOLIOS DU BROUILLARD | DATES des ARTICLES DÉTAILLÉS au Brouillard. | DÉBITEURS qui doivent A LA MAISON. | | CRÉDITEURS auxquels LA MAISON DOIT. | |
|---|---|---|---|---|---|---|
| **Balance**, c'est-à-dire Relevé des anciens comptes à l'époque du 31 décembre 1871.<br><br>DUVAL<br>Négociant<br>A VERSAILLES. | | | 500 | " | | |
| **Balance**, c'est-à-dire Relevé des anciens comptes, à l'époque du 31 décembre 1871.<br><br>BICHOFFE<br>Chef d'institution,<br>*Rue d'Aboukir, n° 56,*<br>A PARIS. | | | 2,000 | " | | |
| **Balance**, c'est-à-dire Relevé des anciens comptes, à l'époque du 31 décembre 1871.<br><br>BROUARD<br>Négociant,<br>A SANCERRE. | | | | | 4.000 | " |

(1) A l'époque du 31 mars 1871, qui signifie : 31 décembre 1871, on a trouvé au Grand-Livre, seize comptes particuliers, qui ne sont pas entièrement liquidés, tout le reste est soldé. Il faut donc ouvrir, au nouveau Grand-Livre de 1872, des comptes à ces seize clients, en ayant soin de porter sur la première ligne le relevé, c'est-à-dire la balance de chaque compte, soit débiteur ou créditeur, comme les trois comptes ci-dessus que je donne comme exemple. Si on ne procédait point de cette manière, il serait impossible, dans le courant de l'année 1872, de solder les anciennes opérations.

Si, avant de régler définitivement, le Débiteur ou le Créditeur soupçonne une irrégularité, et qu'il désire obtenir de votre maison une facture générale détaillée, il sera très-facile de le satisfaire en consultant les anciens registres de 1871.

| FOLIOS DU GRAND-LIVRE. | NOMS DES PARTICULIERS. | DÉBITEURS qui doivent A LA MAISON. | | CRÉDITEURS auxquels LA MAISON DOIT | |
|---|---|---|---|---|---|
| 69 | DUVAL... .................... | 500 | » | | |
| 69 | BICHOFFE...... .... . ...... | 2,000 | » | | |
| 69 | DE LASALLE....... .......... | 600 | » | | |
| 70 | RISPAL ET Cie... ............ | 500 | » | | |
| 71 | DARGENT ................ .. | 200 | » | | |
| 72 | MARAINE ET Cie............. | 400 | » | | |
| 73 | VOISIN............... ....... | 800 | » | | |
| 73 | BROUARD.......... ....... .... | » | » | 4,000 | » |
| 74 | PREMPAIN..................... | 300 | » | » | » |
| 74 | GAJAC..... .......... . .... | » | » | 1,700 | » |
| 75 | MARTEL. .... ....... . ....... | 600 | » | | |
| 75 | DE CHAZOT ................... | 5,217 | 38 | | |
| 78 | ARAGO. ..................... | 800 | » | | |
| 78 | RIPAMONTI.. .... ............ | 200 | » | | |
| 78 | CORDONNIER-SALMON......... | 1,000 | » | | |
| 75 | AUBERTIN..... ............ .. | 1,200 | » | | |
| | Total de la Balance des débiteurs et des créditeurs du registre Grand-Livre..... | 14,317 | 38 | 5,700 | » |
| | A déduire les créditeurs........ | 5,700 | » | | |
| | Voir au Journal, au fo 65 le renvoi (1) donnant le contrôle des comptes particuliers inscrits au registre Grand-Livre. | 8,617 | 38 | | |
| | | DÉBITEURS | | CRÉDITEURS | |
| | 31 mars 1871 signifie 31 décembre 1871. | 181,127 | 76 | 172,510 | 38 |
| | A déduire les créditeurs....... | 172,510 | 38 | | |
| | Or, d'après le Grand-Livre, il reste dû à la maison........ ............ | 8,617 | 38 | | |

| FOLIOS DU GRAND-LIVRE. | NOMS DES PARTICULIERS. | DÉBITEURS qui doivent A LA MAISON. | | CRÉDITEURS auxquels LA MAISON DOIT | |
|---|---|---|---|---|---|

| FOLIOS DU BROUILLARD. | DATES des ARTICLES détaillés au BROUILLARD. | NOMS DES PARTICULIERS et DÉSIGNATION DES COMPTES GÉNÉRAUX. | MAGASIN. — MARCHANDISES ACHETÉES ET VENDUES PAR LA MAISON. ENTRÉE, c'est-à-dire : achète. DÉBIT. | MAGASIN. SORTIE, c'est-à-dire : vend. CRÉDIT. | CAISSE. — ESPÈCES REÇUES ET PAYÉES PAR LA MAISON. ENTRÉE, c'est-à-dire : reçu. DÉBIT. | CAISSE. SORTIE, c'est-à-dire : paye. CRÉDIT. | EFFETS À RECEVOIR et TRAITES EN PORTEFEUILLE. ENTRÉE, c'est-à-dire : reçu. DÉBIT. | EFFETS À RECEVOIR. SORTIE, c'est-à-dire : remis en paiement et négocié. CRÉDIT. | COMPTE RÉGULATEUR dit PROFITS ET PERTES. DÉPENSES personnelles et de Maison. DÉBIT. | COMPTE RÉGULATEUR. FRAIS généraux de l'établissement commercial. DÉBIT. | COMPTE RÉGULATEUR. PERTES, mauvais crédits, rabais, faillites, etc. DÉBIT. | COMPTE RÉGULATEUR. PROFITS réalisés par ma Maison. CRÉDIT. | BILLETS ET ACCEPTATION À PAYER. Souscrits ou acceptés par ma Maison au profit des créanciers. ENTRÉE, c'est-à-dire acquittés et retournés par la Maison. DÉBIT. | BILLETS. SORTIE, mis en circulation. CRÉDIT. | MEUBLES et IMMEUBLES matériels et mobilier industriel. ENTRÉE, c'est-à-dire acquis ou livrés. DÉBIT. | MEUBLES et IMMEUBLES. SORTIE, c'est-à-dire vendu. CRÉDIT. | CONTRÔLE MATHÉMATIQUE de toutes les opérations générales détaillées au Brouillard et aux Livres auxiliaires. Il faut inscrire ici tout ce qui est : ENTRÉ dans la Maison, c'est-à-dire tous les comptes. DÉBITEURS. | CONTRÔLE MATHÉMATIQUE. SORTI de la Maison, c'est-à-dire tous les comptes. CRÉDITEURS. | CONTRÔLE DES COMPTES PARTICULIERS reportés au REGISTRE-GRAND-LIVRE. DÉBITEURS qui doivent à ma Maison. | CONTRÔLE. CRÉDITEURS auxquels ma Maison doit. |
|---|---|---|---|---|---|---|---|---|---|---|---|---|---|---|---|---|---|---|---|---|
| | | | | | | | | | | | | | | | | | (1) | (2) | | |
| 67 | 31 déc. 1871. | inventaire général détaillé............... | 13,800 » | » » | 88,007 48 | » » | 48,120 » | » » | » » | » » | » » | » » | » » | 3,010 » | 37,000 » | » » | 189,617 48 | 3,010 » | 14,317 38 | 5,700 » |
| | 1872 Janv. 1er | ........................................ | ...... | ...... | ...... | ...... | ...... | ...... | ...... | ...... | ...... | ...... | ...... | ...... | ...... | ...... | ...... | ...... | ...... | ...... |
| .. | ......... | ........................................ | ...... | ...... | ...... | ...... | ...... | ...... | ...... | ...... | ...... | ...... | ...... | ...... | ...... | ...... | ...... | ...... | ...... | ...... |
| .. | ......... | ........................................ | ...... | ...... | ...... | ...... | ...... | ...... | ...... | ...... | ...... | ...... | ...... | ...... | ...... | ...... | ...... | ...... | ...... | ...... |

(1) L'actif dégagé, net, se compose de marchandises, d'espèces, d'effets et d'immeubles, soit 189,617,48, et en y ajoutant les débiteurs anciens de 14,317.38. On obtient un actif général de 203,934.86.

(2) Le Passif dégagé, net, se compose de billets à payer, 3,010. » et en y ajoutant les anciens créditeurs de 5,700,» on obtient 8,710. » et si on soustrait le passif de l'actif, on obtiendra un actif net de 195,224.86, égal à celui de l'Inventaire général. (Voir au f° 67.)

**DÉBITEURS.** *DE CHAZOT, banquier, rue Amelot, 58, à Paris, son Compte Courant et d'Intérêts, arrêté le 1er juillet 1871.* **CRÉDITEURS.**

| FOLIOS du brouillard. | DATES de la remise des effets, des espèces, et des marchandises. | DÉTAIL DES ARTICLES. | | | | SOMMES. | | ÉCHÉANCES. | | TOTAL des jours. | TOTAL et des nombres portant intérêts. |
|---|---|---|---|---|---|---|---|---|---|---|---|
| | 1871. | | | | | | | | | | |
| 29 | Février 10. | Ma remise en mes 5 effets sur : | Duval. | Versailles | n° 840. | 2,000 | » | Juin | 15 | 125 | 250,000 |
| | | | De Lasalle. | Bourges. | 841. | 2,760 | » | Mai | 10 | 90 | 248,400 |
| | | | Bouillet. | Nevers. | 842. | 2,240 | » | Juin | 20 | 130 | 291,200 |
| | | | Bisval et Cie. | Havre. | 843. | 700 | » | Avril | 5 | 55 | 38,500 |
| | | | Madaine et Cie. | Havre. | 844. | 3,000 | » | Juillet | 25 | 165 | 495,000 |
| 30 | Février 14. | Vendu : | Ma facture de ce jour, | s'élevant à | | 5,300 | » | Juillet | 1er | 136 | 720,800 |
| 40 | Mars 4. | Ma remise en mes 6 effets sur : | Madaine et Cie. | Havre. | n° 846. | 2,000 | » | Juin | 15 | 104 | 208,000 |
| | | | Blondel. | Paris. | 847. | 800 | » | Mars | 5 | 1 | 800 |
| | | | Mallet. | Perpignan. | 848. | 2,800 | » | Août | 10 | 156 | 436,800 |
| | | | Lebrun | Lisieux. | 849. | 1,200 | » | Septemb. | 5 | 181 | 217,200 |
| | | | Demoulin. | Troyes. | 850. | 600 | » | Mai | 20 | 76 | 45,600 |
| | | | Arago. | Estagel. | 851. | 6,000 | » | Septemb. | 10 | 186 | 1,116,000 |
| | | | Balance du crédit | | | 432 | 02 | » | | » | » |
| | | | | | | 29,892 | 02 | | | | 4,068,360 |
| | | | A débiter à nouveau au 1er juillet | | | 5,217 | 38 | | | | » |

*Voir au f° 33 le renvoi (1) à Banque de France.*

En matière de banque, il n'est guère possible de se dispenser d'un registre de comptes-courants et d'intérêts, tel que celui-ci. Il est disposé de cette manière afin de faciliter le travail préparatoire des comptes qui portent intérêt.

Quelques banquiers se servent encore aujourd'hui, pour l'arrêté de ces comptes, du système des nombres rouges. Il est temps de renoncer à cette vieille méthode pour adopter complètement le nouveau système des nombres noirs, d'autant plus, que le premier mode n'est applicable qu'aux comptes dont l'époque de l'arrêté est connue, tandis que le second s'applique également bien dans les deux cas. Du reste, le système des nombres noirs si facile et si simple, est en même temps celui qui donne la dernière expression des intérêts.

En définitive, ce compte-courant prouve d'une manière irrécusable, que M. de Chazot votre banquier reste débiteur jusqu'à ce jour à votre maison, la somme de 5,217 38, qu'il faudra débiter à nouveau le 1er juillet prochain. En règle générale, il ne faut jamais reporter les nouvelles opérations du trimestre suivant dans celui qui vient de finir, car une fois qu'il est balancé le compte devient immuable.

J'ai donné comme exemple la faculté d'ouvrir au même client deux espèces de comptes ; l'un comme celui-ci, et l'autre comme celui du Grand-Livre au folio 73, mais si deux maisons contractent des opérations d'une certaine importance et passablement suivies, le compte-courant et d'intérêts est infiniment préférable à l'autre, parce que, disposé de cette manière, il permet de classer immédiatement les sommes, les jours et les nombres des articles détaillés, de telle sorte qu'en un instant il est facile de donner la balance générale d'un compte-courant, quelque compliqué qu'il puisse être. On obtient ce résultat en additionnant les nombres du débit et du crédit, en divisant la différence par 60 comme il est dit ci-contre, tandis qu'au Grand-Livre, on n'obtient ces avantages que par un travail extraordinairement long, pénible et presque toujours inexact.

| FOLIOS du brouillard. | DATES de la remise des effets des espèces, et des marchandises. | DÉTAIL DES ARTICLES. | SOMMES. | | ÉCHÉANCES. | | TOTAL des jours. | TOTAL et des nombres portant intérêts. |
|---|---|---|---|---|---|---|---|---|
| 34 | Février 18. | Sa remise espèces | 4,000 | » | Juillet | 1er | 132 | 528,000 |
| 36 | » 23. | Sa remise espèces | 5,000 | » | » | 1er | 127 | 635,000 |
| 41 | » 5. | Retour de l'effet Blondel, échu ce jour, impayé | 810 | » | » | 1er | 115 | 93,150 |
| 41 | Mars 6. | Sa remise espèces | 8,000 | » | » | 1er | 114 | 912,000 |
| 42 | » 17. | Sa remise espèces | 6,000 | » | » | 1er | 103 | 618,000 |
| | | Différence des sommes et des nombres du débit | 5,650 | » | » | | » | 1,282,210 |
| 43 | » 25. | Intérêts et frais de négociation du compte-courant clos et arrêté le 1er juillet. | 432 | 02 | | | » | » |
| | | | 29,892 | 02 | | | | 4,068,360 |

*Voir au f° 33 le renvoi (1) à Banque de France.*

| | | | | | | | | | |
|---|---|---|---|---|---|---|---|---|---|
| 2,000 | francs, pour | 125 | jours, donnent : | 250,000 | nombres d'intérêts à 6 %, soit : | | 41 | 66 |
| 2,760 | » — | 90 | — | 248,400 | — | — | 41 | 40 |
| 2,240 | » — | 130 | — | 291,200 | — | — | 48 | 53 |
| 700 | » — | 55 | — | 38,500 | — | — | 6 | 41 |
| 3,000 | » — | 165 | — | 495,000 | — | — | 82 | 50 |
| 5,300 | » — | 136 | — | 720,800 | — | — | 120 | 13 |
| 2,000 | » — | 104 | — | 208,000 | — | — | 34 | 67 |
| 800 | » — | 1 | — | 800 | — | — | » | 13 |
| 2,800 | » — | 156 | — | 436,800 | — | — | 72 | 80 |
| 1,200 | » — | 181 | — | 217,200 | — | — | 36 | 20 |
| 600 | » — | 76 | — | 45,600 | — | — | 7 | 60 |
| 6,000 | » — | 186 | — | 1,116,000 | — | — | 186 | » |
| 29,460 | francs, pour | 1,402 | jours, donnent : | 4,068,360 | nombres d'intérêts au débit. | | 678 | 08 |

Au crédit, il n'y en a que..... 2,786,150 qu'il faut soustraire du débit.

Il reste donc.......... 1,282,210, sur lesquels pèsent tous les intérêts 6 % du compte courant.

Or, en divisant 1,282,210 par 60, on trouvera indubitablement la somme de 213 70, provenant de la différence des nombres sur lesquels pèsent tous les intérêts de ce compte-courant, ainsi qu'il est dit plus haut.

| | | | |
|---|---|---|---|
| (1) | Intérêts 6 % sur 1,282,210 nombres par 60 | 213 70 | 432 02 |
| (2) | Commission 1/2 % sur 29,460 francs | 147 30 | |
| (3) | Change de place 1/4 % sur 28,650 francs | 71 62 | |

(1) Selon la loi, l'intérêt 6 % est légal pour la législation commerciale, et 5 % pour la législation civile.
(2) Le taux de la commission, qui est le bénéfice le plus clair du banquier, est facultatif. Le prix en est débattu et convenu entre les parties avant d'entrer en relations d'affaires. C'est une convention faite à l'avance.
(3) Le change de place est un droit variable prélevé sur les effets payables en province seulement. Il indemnise les banquiers sur les frais d'encaissement. Il n'est rien prélevé sur les effets payables sur la place de Paris. M. de Chazot impose le change sur les 28,650 fr. de la province, et ne prend rien pour l'encaissement de 810 fr. sur Paris.

## DE LA PRESCRIPTION

Toutes actions relatives aux lettres de change et aux billets à ordre souscrits par des négociants, marchands et banquiers, ou pour faits de commerce quelconques, se prescrivent par cinq ans, à compter du jour du protêt, ou de la dernière poursuite judiciaire s'il y a eu condamnation. Néanmoins les débiteurs seront tenus, s'ils en sont requis, d'affirmer sous serment qu'ils ne doivent plus rien.

L'action des aubergistes, traiteurs, maîtres d'hôtel, à raison du logement et de la nourriture qu'ils fournissent; celle des professeurs pour les leçons qu'ils donnent au mois, se prescrit par six mois.

L'action pour le salaire des ouvriers et gens de service, et pour le payement de leurs journées se prescrit également par six mois.

L'action des médecins pour leurs visites et opérations; celle des pharmaciens pour la fourniture des médicaments; celle des marchands pour la marchandise qu'ils vendent aux particuliers qui ne sont pas commerçants; celle des huissiers pour le salaire des actes qu'ils signifient; celle des maîtres de pension pour le prix de la pension de leurs élèves; celle des maîtres-ouvriers pour prix d'apprentissage; celle des domestiques qui se louent à l'année pour le payement de leur salaire, se prescrit par un an.

## TRANSPORTS DE MARCHANDISES

Le voiturier ou commissionnaire chargé de transporter de la marchandise ou effets quelconques, par terre ou par eau, doit le mentionner sur un livre destiné à cet effet. Il déclare qu'il a reçu de telle personne tant de colis, pesant tel poids, contenant telle marchandise ou tels objets d'une valeur approximative, évalués à environ telle somme. Il garantit l'arrivée de ces colis dans les délais fixés par l'expéditeur et conformément aux prescriptions consignées dans la lettre de voiture. Il garantit aussi les objets perdus, volés ou avariés, s'il ne se trouve pas dans des cas de force majeure.

Le transport de la marchandise s'effectue toujours aux risques et périls de l'expéditeur, à moins de conventions contraires.

Lorsque la marchandise arrive en bon état, le destinataire est obligé, à l'égard du voiturier, de remplir toutes les obligations qui lui sont imposées par la lettre de voiture. Si, au contraire, la marchandise ne se trouve pas dans les conditions normales, qu'il y ait lieu de refuser ou de contester les objets en question, le destinataire adresse une réclamation motivée au président du Tribunal de commerce ou au juge de paix de son canton, qui ordonne l'expertise et le transport de ces objets dans un dépôt public.

Dans cette circonstance, le voiturier peut exiger l'autorisation de la vente d'une partie de cette marchandise pour se couvrir du prix de sa voiture.

Pour les expéditions faites en France, le recours contre le voiturier se prescrit après six mois, et un an pour celles faites à l'étranger.

## LETTRE DE VOITURE

Bordeaux, le 6 mai 1864.

1—2—3—4 A la garde de Dieu, et sous la conduite de M. Denis Jeannequin, commissionnaire en cette
5—6—7—8 ville, vous voudrez bien recevoir 8 colis, dont 2 tonneaux de morue sèche, 2 boucauts de café Haïti, 2 boucauts de poivre et 2 hectolitres d'eau-de-vie de genièvre, marqués aux initiales *S. M.*, et numérotés 1, 2, 3, 4, 5, 6, 7, 8, comme en marge.

Ces huit colis de marchandise de premier choix doivent vous parvenir dans la journée du trente courant. Vous voudrez bien payer au voiturier la somme de cent cinquante francs soixante quinze centimes, pour solde des frais de transport de ces huit colis, y compris les frais de timbre de la présente, ces huit colis pesant ensemble quinze cents kilogrammes, à raison de dix francs le cent.

En cas de retard, je vous autorise à lui retenir la somme de cinquante francs, formant le tiers du prix de ce transport.

J'ai l'honneur de vous sa'uer,

SAINT-MARTIN,
*Armateur.*

| FOLIOS DU BROUILLARD. | DATES. | | NOMS DES PARTICULIERS. | DÉTAIL DES ARTICLES. | CAISSE. ENTRÉE c'est-à-dire reçu. DÉBIT. | | SORTIE c'est-à-dire payé. CRÉDIT. | |
|---|---|---|---|---|---|---|---|---|
| | 1870. | | | | | | | |
| 20 | Décembre. | 31 | ACTIF (INVENTAIRE) | *Ma* remise espèces en caisse à titre d'apport......... | 20,000 | » | » | » |
| 23 | 1871 Janv. | 20 | MARCHANDISES .. | Recette du jour......................... .... .... | 6,000 | » | » | » |
| 23 | » | 21 | RÉGULATEUR .... | Dépenses personnelles...................... ........ | » | » | 750 | » |
| | | | | Totaux...... .. | 26,000 | » | 750 | » |
| | | | | A soustraire...... .. | 750 | » | » | » |
| | | | | Il reste en caisse au 31 mars 1871........... | 25,250 | » | » | » |

# BILAN

*Des effets actifs et passifs de la maison de Brickmann et C^e^, négociants, rue Quincampoix, 37, à Paris, à l'époque du 15 avril 1871, et déposé au Tribunal de Commerce le même jour.*

Ce bilan a pour objet, aux termes de la loi, de faire connaître aux créanciers de ladite maison qu'elle se trouve en ce moment hors d'état de continuer ses opérations commerciales.

| | | | | | |
|---|---|---|---|---|---|
| **ACTIF**......... | MARCHANDISES GÉNÉRALES en magasin (les détailler). | | | » | » |
| | CAISSE : Espèces en caisse..................... | | | » | » |
| | EFFETS A RECEVOIR en portefeuille. (les détailler). | | | » | » |
| | MEUBLES ET IMMEUBLES.......... (les détailler). | | | » | » |
| | DÉBITEURS divers au Grand-Livre. (les détailler). | | | » | » |
| | TOTAL de l'Actif...... | | | » | » |
| **PASSIF**....... | CRÉDITEURS divers au Grand-Livre. (les détailler). | » | » | | |
| | BILLETS A PAYER........... .... (les détailler). | » | » | | |
| | DETTES hypothécaires........... (les détailler). | » | » | | |
| | M. THOMAS, architecte à Moutargis : son mémoire pour travaux exécutés dans les magasins...... | » | » | » | » |
| | M^me^ de BRICKMANN : Reprise de sa dot. (la détailler). | » | » | | |
| | M. Ch. BARRE, propriétaire : Location de la maison commerciale, depuis le... jusqu'au... à raison de 6,000 fr. par an........................ | » | » | | |
| | TOTAL du Passif.............. | | | » | » |
| **BALANCE**.... | PASSIF.......................................... | » | » | | |
| | ACTIF........................................... | » | » | | |
| | DÉFICIT........ | » | » | | |

Nous certifions sincère et véritable le présent Bilan. Paris, le 15 avril 1871.

DE BRICKMANN, rue Quincampoix, 37.
JEANNE, rue de Rivoli, 34.
LEMAIRE, rue de la Paix, 40.

Pour copie conforme :

BERNEAU,

*Chef de comptabilité de la Maison.*

## RÈGLE DE SOCIÉTÉ

Quatre capitalistes ont formé une société en nom collectif pour l'exploitation d'une maison de commerce.

Cette société a effectué un versement au capital de 120,000 francs dans les proportions suivantes :

| | | |
|---|---|---|
| Le 1er, M. Pagenel a versé | ........................ | 67,000 » |
| 2e, M. Heckler | « ........................ | 33,000 » |
| 3e, M. Lebedel | « ........................ | 14,000 » |
| 4e, M. Becker | « ........................ | 6,000 » |
| | Total.................. | 120,000 » |

Un an après, l'inventaire général présente des bénéfices nets s'élevant à 28,000 fr.

Combien revient-il à chaque associé ?

Il faut multiplier la somme du rapport, qui est 28,000 fr., par la mise de fonds de Pagenel, qui est de 67,000 fr.

Le produit de cette multiplication donnera 1,876.000,000 nombres, qu'il faudra diviser par la somme du capital, 120,000. Le résultat de cette division donnera au quotient la somme de 15,633 fr. 33 c. 33 mil., formant la part des bénéfices de Pagenel.

On peut simplifier la règle en retranchant trois chiffres au dividende et trois au diviseur.

Il est évident qu'il faut procéder de la même manière pour trouver la part des autres associés.

En résumé :

| | | | | | | |
|---|---|---|---|---|---|---|
| Les 67,000 fr. | formant la mise de | Pagenel | ont produit | 15,633 fr. | 33 c. | 33 m. |
| 33,000 | — | Heckler | — | 7,700 | » | » |
| 14,000 | — | Lebedel | — | 3,266 | 66 | 66 |
| 6,000 | — | Becker | — | 1,400 | » | » |
| | | | Total......... | 27,999 fr. | 99 c. | 99 m. |

En définitive, ces fonds ont rapporté 23 fr. 33 centimes 33 millièmes pour 100.

## DE L'ESCOMPTE

Les maisons de commerce qui vendent à terme des articles d'une certaine importance font ordinairement un escompte aux acheteurs lorsqu'ils payent au comptant.

Selon le genre de commerce, les escomptes varient depuis 1 jusqu'à 50 et 60 pour cent.

Exemple : Une facture de n'importe quelle marchandise s'élève à 600 fr., si l'escompte est à 2 °/₀ cela fait 12 fr. de moins à payer pour solder cette facture; s'il est à 10 °/₀ c'est 60 fr. de moins; s'il est à 20 °/₀ on n'a plus que 480 fr. à payer. Mais sur les articles de première nécessité ces remises restent toujours dans les limites de 1 à 6 °/₀.

Dans tous les cas, on multiplie le montant de la facture par le taux de l'escompte : soit 6 °/₀.

$$600 \times 6 = 3600. \quad 600 - 36 = 564 + 36 = 600.$$

## DE LA FAILLITE ET DE SES CONSÉQUENCES

Tout commerçant qui cesse ses payements est en état de faillite.

La faillite simple se liquide par les créanciers du failli, en s'appropriant proportionnellement le montant de la vente de ses meubles et immeubles, et de la marchandise qui lui reste en magasin.

Est banqueroutier simple, le commerçant qui n'aura pas fait au greffe, dans le délai de trois jours, la déclaration de cessation de paiement (titre IV, art. 586 à 592 du Code de Commerce) ;

Qui ne s'est point présenté en personne aux syndics dans les délais fixés ;

Qui présentera des Livres irrégulièrement tenus, lors même qu'il n'y aura pas fraude ;

Qui ne déclarera pas le domicile de chacun de ses associés qui résident ailleurs qu'au siége de la maison commerciale ;

Qui aura fait des dépenses personnelles au-dessus de la mesure de ses moyens pécuniaires ;

Qui aura exposé de fortes sommes à des opérations de pur hasard ou de jeu ;

Qui aura prodigué sa signature pour une somme ayant trois fois la valeur de son actif, soit à son profit particulier ou au profit d'étrangers, à titre d'obligeance ou de complaisance ;

Qui aura revendu des marchandises au-dessous du cours, et emprunté de fortes sommes, lorsque l'actif de son dernier inventaire ne présentait déjà plus que 50 pour 100.

Celui-là est passible d'une condamnation à la peine d'un mois à deux ans de prison, prononcée par le Tribunal correctionnel.

Est banqueroutier frauduleux le commerçant qui n'aura pas de Livres ou qui les dissimulera à ses créanciers, ou dont les écritures seront falsifiées à son profit (titre IV, art. 593 à 599 du Code de Commerce) ;

Qui aura abusé d'un dépôt de marchandise ou d'argent qui lui aura été confié ;

Qui aura fait acheter ou vendre des lots de marchandise, meubles ou immeubles, sous un nom supposé ;

Qui aura détourné à son profit de la marchandise, titres de créances, valeurs quelconques, ou de l'argent provenant de son commerce ;

Qui ne se sera pas présenté devant la justice, ayant obtenu un sauf-conduit.

Celui-là est passible d'une condamnation prononcée par la Cour d'Assises.

Les recéleurs ou complices sont condamnés aux mêmes peines que l'accusé principal.

---

Le commerçant qui suspend ses payements est tenu d'en faire la déclaration au greffe du Tribunal de Commerce le troisième jour. (Art. 437 à 448 du Code de Commerce.)

A partir de ce troisième jour, l'ouverture de la faillite peut être déclarée par le Tribunal de Commerce. Immédiatement après, le failli est de plein droit dessaisi de l'administration de tous ses biens. Toutes les opérations commerciales ou autres contractées pendant les dix derniers jours de sa gestion sont nulles et de nul effet, ou considérées comme frauduleuses. Toutes les sommes non échues payées par les débiteurs sont rapportées ; toutes les dettes passives non échues sont exigibles.

Si la raison sociale est composée de plusieurs noms, de plusieurs associés, le Bilan devra indiquer l'adresse de chacun d'eux.

Aussitôt la déclaration de faillite, le Tribunal fait adresser au juge de paix une expédition du jugement, afin qu'il appose immédiatement les scellés sur les registres, portefeuilles, papiers, magasins, etc.

Le Tribunal ordonne également l'écrou du failli dans la prison pour dettes, ou bien le fait garder chez lui par un agent de police ou un gendarme. Néanmoins, il peut obtenir sa liberté au moyen d'un cautionnement en argent, dans le cas où il n'y aurait sur son compte aucune prévention de banqueroute simple ou frauduleuse.

S'il y a concordat, il doit être signé, séance tenante, par la majorité des créanciers, et si cette majorité forme les trois quarts en somme. Dans le cas contraire, la délibération sera remise à huitaine.

Les créanciers opposants au concordat seront tenus de faire signifier leurs oppositions aux syndics et au failli dans le délai de huit jours. Le traité sera ensuite homologué et rendu obligatoire pour tous les créanciers.

Conformément à l'art. 545 du Code de Commerce, la femme du failli, sous quelque régime qu'elle ait été mariée, ne pourra reprendre que les meubles ou immeubles qui lui appartenaient au jour du mariage, ou ceux dont elle a hérité postérieurement et qui ne sont point entrés dans la communauté. Et, selon l'art. 549 du même Code, elle ne peut exercer aucun privilége sur le bien qui a été acheté depuis le mariage.

---

### MOYENNE D'UN BORDEREAU D'EFFETS DE COMMERCE

J'ai du papier en portefeuille pour 4,582 fr. Mais comme je vais à Strasbourg où je ne suis pas connu, et où il me serait impossible d'escompter ce papier, je prie M. de Rothschild de me le prendre en échange d'une traite de la même somme, sur un banquier de cette ville.

Comme ces six effets sont à diverses échéances, je prends la moyenne, et lui demande un mandat, échéant à la même époque *que cette moyenne.*

| SOMMES. | ÉPOQUE DE LA REMISE. | LIEUX DE PAIEMENT. | ÉCHÉANCES. | Nombre DE JOURS. | TOTAL des nombres. |
|---|---|---|---|---|---|
| 1,200 » | 5 juin. | Versailles. | 10 août. | 65 | 78,000 |
| 450 » | 25 juin. | Ecrouves. | 23 septembre. | 58 | 26.100 |
| 960 » | 15 juillet. | Colmar. | 1er octobre. | 75 | 72,000 |
| 175 » | 1er août. | Montluçon. | 1er septembre. | 30 | 5,250 |
| 892 » | 10 septembre. | Angoulême. | 10 novembre. | 60 | 53,520 |
| 905 » | 1er octobre. | Orléans. | 1er décembre. | 60 | 54,300 |
| 4,582 » | | | | 348 | 289,170 |

Il faut diviser les nombres par la somme totale.

| | |
|---|---|
| 289,170 | 4582 |
| 14,250 | 63 jours. |
| 504 | |

**D'après ce qui précède, M. de Rothschild, de Paris, remettra un mandat de 4,582 fr. payable à 63 jours de date.**

NOTA. — En règle générale, tous les effets endossés constituent les endosseurs comme débiteur envers le porteur ou possesseur de l'effet.

## COMMERCE MARITIME

Tous les navires, d'après la loi sont considérés comme meubles, et en cette qualité affectés aux dettes des créanciers.

Un navire peut se vendre volontairement par acte public et sous seing privé. Il peut être vendu en entier ou par portion, soit en France, soit à l'étranger, sans que pour cela les créanciers soient lésés dans leurs droits.

Le bâtiment n'est pas saisissable s'il est prêt à faire voile, dans le cas contraire, il peut être saisi et vendu (Art. 198 du Code maritime).

Le capitaine, dans l'exercice de ses fonctions, est responsable de toutes les fautes du navire, et notamment de la marchandise et des autres objets portés sur ses connaissements.

Il ne peut se dispenser d'être à bord de son navire à l'entrée et à la sortie des ports. Il est également tenu de finir le voyage qu'il a commencé, sous peine de dommages-intérêts envers les armateurs.

Le capitaine, après avoir fait visiter son navire avant de le décharger, est tenu d'avoir à son bord le procès-verbal de visite du navire, l'acte qui fait connaître le propriétaire de ce navire, les acquits de la douane, les connaissements, l'acte de naturalisation de son bâtiment, un Journal coté et paraphé, mentionnant ses opérations jour par jour.

Le capitaine forme son équipage à son choix. En arrivant à sa destination, il est tenu de faire viser son Journal et de faire son rapport dans les vingt-quatre heures. Il mentionnera tout ce qu'il aura remarqué en mer, les dangers auxquels il aura échappé, soit par l'effet d'abordage, de tempête, de bancs de sable, de récifs, etc. Il indiquera l'époque et le port d'où il a fait voile, les degrés de latitude qu'il aura tenus, les côtes et ports de mouillage qu'il aura touchés, et, enfin, le lieu de sa destination.

Dans le cas de naufrage, le capitaine ne doit abandonner son navire qu'après en avoir préalablement tenu conseil avec les officiers et les marins les plus expérimentés du bâtiment. Dans cette hypothèse, il donne des ordres pour sauver au moins les objets qui ont le plus de valeur, si l'imminence du danger et l'éloignement de la côte ne permettent pas de sauver le reste de la cargaison.

Il n'y a pas de recours contre le capitaine, si la marchandise avariée a été reçue par les destinataires sans qu'il y ait, de leur part, une protestation rédigée conformément à loi.

Le capitaine est passible de dommages-intérêts envers les destinataires, s'il a reçu de ses armateurs de la marchandise avariée, sans qu'il en ait dressé procès-verbal de constatation.

A cet égard, les poursuites doivent être faites dans les vingt-quatre heures, et le Tribunal doit en être saisi dans le courant du mois, sous peine de nullité.

Le capitaine qui n'aura pas pris les mesures et les précautions nécessaires pour éviter un abordage, sera également responsable des avaries qu'il aura causées.

---

## CONNAISSEMENT

Je, capitaine DUPERRÉ, maître après Dieu, du navire nommé le *JEAN-BART*, à présent devant *Dunkerque*, pour du premier temps convenable suivre mon voyage sous la garde de Dieu, jusqu'au devant de la ville de Port-au-Prince, aux Antilles, là où sera ma décharge, confesse avoir reçu dans mondit navire et sous franc tillac d'icelui, de vous, M. Leprince.

**Savoir :**

N° 1 jusqu'à 260. L. P. E.

| | |
|---|---|
| 200 Barriques de vin de Médoc, à 225 fr............ | 45,000 » |
| 50 Pièces d'eau-de-vie de Cognac, à 300 fr.......... | 15,000 » |
| Une pacotille d'articles de Paris, facturés à......... | 22,500 » |
| Total............... | 82,500 » |

Le tout plein, bien conditionné, marqué et numéroté comme en marge, que je promets délivrer en même forme, sauf les périls et fortune de la mer, à M. DAVID, courtier maritime assermenté près la Bourse de Port-au-Prince, ou à son ordre, en me payant pour mon fret la somme de *huit mille deux cent cinquante francs,* prix convenu, en outre les avances, suivant les us et coutumes de la mer; et pour l'accomplissement de ce que dessus, j'ai obligé et oblige par cette, ma personne, mes biens et mondit vaisseau, avec les dépendances d'icelui : en foi de quoi j'ai signé *trois* connaissements d'une même teneur, l'un d'iceux accompli, demeureront les autres de nulle valeur.

Fait à Dunkerque, le 25 mars 1872.

DUPERRÉ,
Capitaine du navire le *Jean-Bart.*

NOTA.— Il est expressément convenu que lesdites marchandises seront chargées sous franc tillac, et ce, par dérogation à l'article 229 du *Code de Commerce.*

## ARMEMENT

*Du navire le* JEAN-BART, *de* 1,200 *tonneaux*, *commandé par le* CAPITAINE DUBARRY, *du port de* BORDEAUX, *allant à* BOURBON (Ile-de-France), *pour mettre à la voile le* 12 *avril* 1872.

| | | | |
|---|---|---|---|
| DIMENSIONS DU NAVIRE | Longueur de la flottaison en charge | 55 » | mètres. |
| | Creux de la cale | 6 90 | — |
| | Largeur au maître bau | 11 10 | — |

| | | |
|---|---|---|
| Achat du navire cloué et chevillé en cuivre | 220,000 | » |
| Cuivre à doublage et façon | 27,000 | » |
| Menuiserie et cabanes | 8,000 | » |
| Bois de mâture et façon | 18,000 | » |
| Cordages | 24,000 | » |
| Ancres, chaînes et fers d'armement | 28,000 | » |
| Sculptures | 1,500 | » |
| Cuisine distillatoire et installation | 3,500 | » |
| Poulieur | 4,000 | » |
| Tonnelier | 2,500 | » |
| Ferblantier | 2,500 | » |
| Opticien | 3,000 | » |
| Voilier, 2 rechanges | 23 000 | » |
| Peintres | 2,500 | » |
| Tapissier | 2,000 | » |
| Objets d'armement et frais divers | 5,000 | » |
| Pharmacien | 1,000 | » |
| TOTAL de l'armement général du JEAN-BART | 377,500 | » |

**Vivres pour l'équipage aller et retour pour 12 mois de mer.**

| | | |
|---|---|---|
| 25 hectolitres de haricots, à 35 fr. | 875 | » |
| 100 kil. morue sèche, à 28 fr. | 56 | » |
| 4 demi-barils de sardines, à 17 fr. | 68 | » |
| 100 kil. café réexporté | 144 | » |
| 100 » sucre réexporté | 84 | » |
| 100 » fromage étuvé | 180 | » |
| 100 » riz de l'Inde | 44 | » |
| 100 » sel gris | 10 | » |
| 10 » poivre | 18 | » |
| 10 » moutarde en grains | 16 | » |
| 25 » huile d'olive commune | 60 | » |
| 3,000 » viande salée, à 132 fr. | 3,960 | » |
| 50 pots d'essence de Spruce pour faire de la bière dans les colonies, à 2 fr. | 100 | » |
| 60 kil. mélasse pour faire la bière, à 30 fr. | 36 | » |
| 2 caisses de choux Masson, à 30 r | 60 | » |
| 14 barriques de vin, à 200 r. | 2,800 | » |
| 11,000 kil. biscuit de mer, à 64 fr. | 7,040 | » |
| 12 barils de farine, à 40 fr. | 780 | » |
| TOTAL des vivres pour l'équipage | 16,031 | » |

**Vivres pour 20 passagers, aller et retour pour 12 mois de mer.**

| | | |
|---|---|---|
| 2 hectolitres de haricots de Soissons, à 65 fr. | 130 | » |
| 2 » haricots verts, à 38 fr. | 76 | » |
| 100 kil. beurre de cuisine | 220 | » |
| 25 » beurre frais, à 240 fr. | 60 | » |
| 50 » morue sèche, première qualité, à 60 fr. | 30 | » |
| 100 » bougies | 320 | » |
| 2 » thé, à 10 fr. | 20 | » |
| 6 » poivre | 5 | » |
| 25 » sel blanc, à 30 fr. | 7 | 50 |
| 25 » vermicelle, à 110 fr. | 27 | 50 |
| 25 » macaroni, à 100 fr. | 27 | 50 |
| 25 » fromage croûte rouge étuvé, à 180 fr. | 45 | » |
| 30 » riz de la Caroline, à 60 fr. | 18 | » |
| 24 » flacons de fruits au vinaigre | 20 | » |
| 1 caisse de légumes Masson, assortis | 55 | » |
| 24 flacons de moutarde diaphane, à 70 c. | 16 | 80 |
| 100 kil. sucre en pain réexporté | 92 | 50 |
| 50 » café Martinique | 75 | » |
| 32 » 36 litres d'huile d'olive de Nice, à 260 fr. | 83 | 20 |
| 50 » 4 touques d'huile à brûler, à 160 fr. | 80 | » |
| 25 » oseille pour potage, la boîte | 37 | 50 |
| 15 » savon de Marseille, à 110 fr. | 16 | 50 |
| 15 » chocolat caraque, première qualité, à 400 fr. | 16 | » |
| 15 » figues, première qualité, à 150 fr. | 22 | 50 |
| 2 caisses de raisin de Malaga | 34 | » |
| 50 kil. amandes et prunes, à 150 fr. | 75 | » |
| 25 » confitures diverses, à 300 fr. | 75 | » |
| 3 litres d'eau de fleurs d'oranger, à 2 fr. | 6 | » |
| 100 kil. saindoux | 180 | » |
| 1 caisse de sardines | 55 | » |
| 20 patés en pots, à 7 fr. | 140 | » |
| 20 saucissons de Lyon, à 3 fr. | 60 | » |
| 40 demi boîtes pour faire du bouillon gras, à 140 fr. | 56 | » |
| 60 » » » de la julienne, à 160 fr. | 96 | » |
| 100 boîtes de bœuf bouilli, d'un kil. | 225 | » |
| 50 demi-boîtes de haricots verts, à 133 fr. | 62 | 50 |
| 30 » saucisses truffées, à 5 fr. | 150 | » |
| 15 » champignons à l'huile, à 5 fr. | 75 | » |
| 25 » graisse à pâtisserie, à 2 fr. | 50 | » |
| *A reporter* | 2,841 | » |

| | | |
|---|---|---|
| **Vivres frais.** *Report.* | 2,841 | |
| 100 poules vivantes. | 125 | » |
| 6 porcs vivants. | 600 | » |
| 12 dindes vivantes. | 36 | » |
| 12 oies vivantes. | 28 | » |
| 24 canards vivants. | 48 | » |
| 6 moutons » à 40 fr. | 240 | » |
| 200 choux, à 12 fr. | 24 | » |
| 6 barriques de pommes de terre, à 13 fr. | 78 | » |
| 2 « carottes et navets. | 20 | » |
| 400 pieds de céleri dans le sable sec. | 34 | » |
| 2,000 œufs dans la chaux. | 200 | » |
| 12 barils de 12 kil. salaison assortie. | 168 | » |
| 12 jambons fumés, à 15 fr. | 180 | » |
| 100 kil. 1 baril de lard de choix. | 140 | » |
| Total des vivres pour les passagers. | 4,762 | » |
| **Cargaison suivant les connaissements.** | | |
| 200 barriques de vin de Médoc, à 250 fr. | 70,000 | » |
| 130 pièces de cognac, à 275 fr. | 68,780 | » |
| 200 pièces d'indienne, 34,000 mètres à 70 cent. | 23,800 | » |
| 6,450 mètres de madapolam, à 80 centimes | 5,160 | » |
| 2,500 mètres drap bleu et noir, à 14 fr. | 45,000 | » |
| Une pacotille d'articles de Paris, facturés à. | 20,340 | » |
| 240 fusils de chasse français, à 180 fr. | 43,200 | » |
| 2,800 mètres satin noir, à 12 fr. | 33,600 | » |
| 2,360 mètres velours noir, à 20 fr | 47,200 | » |
| Une pacotille d'armes de luxe et de coutellerie fine. | 17,920 | » |
| Une pacotille de bijouterie fine et de montres en or | 35,000 | » |
| Total de la cargaison. | 410,000 | » |
| **Frais divers.** | | |
| Charrois de vins et eaux-de vie; gabarage à Blaye, à Pauillac et à bord. — Expéditions aux douanes, à l'octroi et à la marine. — Voyages à la Teste et à Royan. — Impression du présent. — Frais divers pendant l'armement. — Pilotage de sortie. — Mise dehors pour prendre le large. | 2,530 | » |
| Total des frais divers. | 2530 | » |

**Dépenses de l'équipage en rade.**

| | | |
|---|---|---|
| Avoir payé au restaurateur la nourriture de 30 hommes de l'équipage pendant 8 jours, à 45 fr. . . | 360 | » |
| Divers petits frais à bord. . . . . . . . . . . . . . . . . . . . . . . . . . . | 19 | » |
| | 379 | » |

**Avances faites à l'équipage avant de mettre à la voile.**

| | | |
|---|---|---|
| Avoir payé aux trente hommes de l'équipage 2 mois de solde à l'avance, à raison de 90 fr. par homme. . | 2,700 | » |
| Au capitaine commandant, 2 mois à 300 fr. . . . . . . . . . . . . . . . . . . . . | 600 | » |
| Au capitaine en second, 2 mois à 160 fr. . . . . . . . . . . . . . . . . . . . . | 320 | » |
| Au lieutenant, 2 mois, à 90 fr. . . . . . . . . . . . . . . . . . . . . . . . | 180 | » |
| Au chirurgien du bord, 2 mois à 200 fr. . . . . . . . . . . . . . . . . . . . . | 400 | » |
| Au maître d'équipage, 2 mois à 80 fr. . . . . . . . . . . . . . . . . . . . . | 160 | » |
| Au maître d'hôtel, 2 mois, à 70 fr. . . . . . . . . . . . . . . . . . . . . . | 140 | » |
| Aux deux mousses, 2 mois, à 30 fr. pour les deux. . . . . . . . . . . . . . . . | 60 | » |
| TOTAL des avances. . . . . | 4,560 | » |
| **Jaugeage** des vins et eaux-de-vie. — Charrois de la cargaison. — Chargement. — Gabarage à bord. — Expédition aux douanes. — Plombs. — Sortie et pesage de divers colis. . . . . . . . . . | 1,530 | » |
| Commission à 2 % sur la somme de fr. 20,793 15 provenant des vivres de l'équipage et des passagers. . | 415 | 85 |
| Commission à 1 % sur la somme de 410,000 provenant du prix de la cargaison. . . . . . . . | 4,100 | » |
| | 4,515 | 85 |

## RÉCAPITULATION.

| | | SOMMES. | JOURS. | NOMBRES. |
|---|---|---|---|---|
| Achat du navire | Valeur au 10 février. | 220,000 | » | » |
| Armement du navire | » 15 » | 157,500 | 5 | 787,500 |
| Vivres pour l'équipage et les passagers | » 28 » | 20,793 | 18 | 374,274 |
| Cargaison | » 28 » | 410,000 | 18 | 7,380,000 |
| Frais divers | » 15 mars. | 2,530 | 33 | 83,490 |
| Dépenses de l'équipage en rade | » 12 » | 379 | 30 | 11,370 |
| Commission 2 pour cent sur 20,793 fr. 15 pour les vivres | » 31 » | 415 | 49 | 20,335 |
| » 1 » 410,000 fr. de la cargaison | » 1er avril. | 4,100 | 50 | 205,000 |
| Avances faites à l'équipage | » 2 » | 4,560 | 51 | 232,560 |
| Jaugeage des vins et eaux-de-vie, etc. | » 15 » | 1,530 | 33 | 50,490 |
| (Valeur au 3 mars.) | | 821,808<br>Y compris les centimes. | 287 | 9,145,019 |

Nota.— Pour connaître la moyenne exacte du payement des dix comptes ci-dessus détaillés, il faut diviser les nombres 9,145,015 par le total de la somme due, qui est de 821,808 fr. Le quotient sera 11 jours. Et en ajoutant les 10 jours de février, cela fera 21.

Le terme-moyen sera donc de 21 jours, valeur au 3 mars, c'est-à-dire époque du payement intégral de ces dix comptes formant ensemble la somme de 821,808 fr.

**Exemple.**

| | | |
|---|---|---|
| 9,145,019 | 821,808 | |
| 926,939 | 11 jours, et en ajoutant le 1er terme (10 février). | |
| 105,132 | | |
| | 10 jours | |
| Total...... | 21 jours. | Du 10 au 28 février, il y a....... 18 jours. |
| | | Du 28 février au 3 mars, il y a. 3 » |
| | | Total........... 21 jours. |

## DÉSARMEMENT

*Du navire à trois mâts le* JEAN-BART, *de* 1,200 *tonneaux*, *commandé par le* Capitaine DUBARRY, *venant de* Bourbon (Ile-de-France), *débarqué à* Bordeaux, *le* 15 *janvier* 1874.

### Fret du retour embarqué à Bourbon en destination du port de Bordeaux.

| | | |
|---|---|---|
| 900 — 480 boucauts sucre | » | » |
| 1,040 — 230 boucauts sucre | » | » |
| 210 — 140 sacs café Bourbon | » | » |

### Produit du fret de retour et vente du navire le JEAN-BART.

| | | |
|---|---|---|
| Vente du navire le *Jean-Bart*, armé, avec agrès et apparaux | 350,000 | » |
| 960 boucauts sucre, pesant ort. 291,200 kil. net : 280,000 kil. à | » | » |
| 1,040 » » » » 349,600 » » 338,240 » à | » | » |
| 210 sacs café Bourbon » » 16,720 » à | | |
| Angles ou bon poids, par 250 kil. sur 16,720 66 kil. } 484 kil.<br>Tare et trait, 2 1/2 pour cent, sur 16,720 418 » } | | |
| Total net. 16,236 kil. à | » | » |
| Fret de 20 passagers de 1re classe, aller et retour, à 1,600 fr. chacun | 32,000 | » |

### Frais de désarmement.

| | | |
|---|---|---|
| Frais d'annonces de l'arrivée au port du navire le *Jean-Bart* | » | » |
| Frais d'assurances sur le corps du navire et de la cargaison estimés à fr. 800,000, à 1 pour cent | » | » |
| Pilotage jusqu'au port de Bordeaux | » | » |
| Frais pour dégréer et délester le navire | » | » |
| Frais de mise en magasin de la marchandise et magasinage | » | » |
| Divers frais de bord avancés par le capitaine | » | » |
| Solde de 10 mois de gage des 30 hommes de l'équipage, à 45 fr. par mois et par homme, déduction faite de 5 pour cent | 12,690 | » |
| Solde de 10 mois de gage aux deux mousses, à raison de 15 fr. par mois par chacun, retenue 5 pour cent comprise | 282 | » |
| Solde du capitaine commandant, de 10 mois d'appointements à 300 fr. par mois, déduction faite 5 °/₀ | 2,820 | » |
| » au capitaine en second, » » à 160 fr. » » » | 1,604 | » |
| » lieutenant, » » à 90 fr. » » » | 846 | » |
| » dû au chirurgien du bord, » » à 200 fr. » » » | 1.880 | » |
| » au maître d'équipage, » » à 80 fr. » » » | 752 | » |
| » au maître d'hôtel, » » à 70 fr. » » » | 658 | » |
| Solde du rôle de l'équipage, en tout 38 hommes, pour les invalides à 5 pour cent | 1,368 | » |
| Solde de MM. Rapp, courtiers | » | » |

## Frais aux marchandises.

| | | |
|---|---|---|
| Permis et déclarations aux douanes. . . . . . . . . . . . . . . . . . . . . . . . . . . | » | » |
| Charrois en magasin. . . . . . . . . . . . . . . . . . . . . . . . . . . . . . . . | » | » |
| Avoir payé au tonnelier pour soins à la décharge et conditionnage à la livraison. . . . . . . . . . | » | » |
| Assurance du corps du navire et de la cargaison pour 800,000 fr., aller et retour à 1 pour cent . . | » | » |
| Droits de douane sur 960 boucauts sucre, pesant net 280,000 kil. à. . . . . . . . . . . . . | » | » |
| Droits de douane sur 1,040 boucauts sucre, pesant net 338,340 kil. à. . . . . . . . . . . . | » | » |
| Frais divers occasionnés par la rentrée de 210 sacs de café. . . . . . . . . . . . . . . . . | » | » |
| Commission de l'agent à raison de pour cent sur francs. . . . . . . . . . . . . . | » | » |
| Ma commission sur la vente de fr. de marchandises à pour cent. . . . . . . . . . . | » | » |
| Ports de lettre, affranchissements divers ; polices d'assurance et impression du présent. . . . . . | » | » |
| Total général du désarmement, valeur 3 mars. . . . . | » | » |

## BALANCE.

| | | |
|---|---|---|
| Montant du désarmement, valeur commune, 3 mars. . . . . . . . . . . . . . . . . . . . . . . | » | » |
| Montant de l'armement. . . . . . . . . . . . . . . . . . . . . . . . . . . . . . . . . . | » | » |
| Total . . . . . . . . . . . | » | » |
| Bénéfices nets à partager. . . . | » | » |
| Parité avec le produit des retours et la vente du navire. . . . . . . . . . | » | » |

## DU COMPTE DE VENTE

Le compte de vente est un état qui a été établi par un négociant français, pour le transmettre à un commettant qui habite les colonies ou la France, afin de lui faire connaître le résultat de la réception et de la vente de la marchandise que celui-ci lui a expédiée pour cet effet. Cet état doit mentionner scrupuleusement tous les détails possibles ayant trait à cette opération, de manière à rendre le contrôle simple et facile.

Pour obtenir le produit net de cette marchandise, il faut déduire du montant de la vente tous les frais qu'elle a occasionnés ainsi que ceux de sa réception.

La vente de la marchandise offre presque toujours des bénéfices, mais quelquefois aussi des pertes, soit qu'elle ait subi des avaries, ou que le cours de la Bourse soit en baisse, soit enfin pour d'autres motifs. Aussi, pour éviter une perte de cette nature, l'expéditeur, dans sa lettre d'avis, a toujours le soin de fixer le minimum du prix de la vente que le courtier ne peut dépasser sans être responsable de la différence qui en résulterait.

**Compte de vente et produit net.**

A 8 boucauts sucre en pains d'envoi et pour compte de M. Joseph Prades, de la Basse-Terre (Martinique), et vendus de son ordre par MM. Quesnel frères, armateurs au Havre, à M. Simonet, négociant, rue des Lombards, n° 25, à Paris.

| | | | | | | | | |
|---|---|---|---|---|---|---|---|---|
| SIMONET (marchandise). | **8 boucauts sucre en pains.** | | | | | | | |
| Nos 60. | 95 Pains pesant | 590 kil. | 2,334 kil. à 160 fr. %...... | 3,734 40 | | | | |
| 61. | 93 » | 578 » | | | | | | |
| 62. | 96 » | 605 » | | | | | | |
| 63. | 92 » | 561 » | | | 3,846 | 43 | | |
| | Escompte 3 % sur 3,734 fr. 40 c | | ...................... | 112 03 | | | | |
| Nos 64. | 94 Pains pesant | 581 kil. | 2,266 kil. à 150 fr. %..... | 3,399. » | | | 7,347 | 40 |
| 65. | 92 » | 576 » | | | | | | |
| 66. | 91 » | 560 » | | | | | | |
| 67. | 90 » | 549 » | | | 3,500 | 97 | | |
| | Escompte 3 % sur 3,399 fr | | .......... .. .... ....... | 101 97 | | | | |
| | Valeur au 25 courant (octobre). | | | | | | | |
| Frais à déduire du montant de la vente. | Voiture du Havre à Paris de 4,500 kil. à 10 fr. % et 75 c. de voiture. | | | 450 75 | | | | |
| | Entrée et sortie de magasin de 4,500 kil. sucre à 5 %............. | | | 225 » | | | 765 | 50 |
| | Commission 1 % sur 7,180 fr. 89 c.............................. | | | 71 80 | | | | |
| | Courtage 1/4 % sur 7,180 fr. 89 c............................. | | | 17 95 | | | | |
| Produit net de la vente de cette marchandise, valeur au 25 octobre 1874.............................. | | | | | | | 6,581 | 90 |

Au Havre, le 29 octobre 1874.

Signé QUESNEL Frères,

*Armateurs.*

Nota.— MM. Quesnel frères doivent débiter M. Simonet de 7,347 fr. 40 c., valeur au 25 courant, et créditer M. J. Prades de 6,581 fr. 90 c., valeur aussi au 25 courant. Lorsque M. Simonet aura payé les 7,347 fr. 40 c. qu'il doit, MM. Quesnel prélèveront les 765 fr. 50 c. qui leur reviennent, et laisseront au crédit et à la disposition de M. J. Prades la somme de 6,581 fr. 90 c. pour solde.

**Compte de vente et produit net.**

A 23 sacs café de Saint-Domingue (Haïti), venant de Marseille au Havre par le navire *le Tancrède*, capitaine Nicolas, pour compte de M. Dauménil, de Limoges, et vendus conformément à ses ordres par M. Albert Rousselot, courtier au Havre, à M. Benoît, négociant à Paris, rue Richelieu, n° 86.

| | | | | | |
|---|---|---|---|---|---|
| BENOIT (marchandise) | Vendu le 10 octobre 1873, à 3 mois de terme, 23 sacs café Haïti, pesés comme suit : | | | | |
| | 3 sacs pesant ort.......... 180 kil. | | | | |
| | 6 » .......... 354 » | | | | |
| | 5 » .......... 298 » | | | | |
| | 4 » .......... 203 » | | | | |
| | 5 » .......... 289 » | | | | |
| | 23 Ensemble..... 1,324 kil. | | | | |
| | Angles en bon poids par 6 kil.... 250 kil.......... Tare et trait à 2 1/2 % 33 kil..... } 39 » | | | | |
| | Il reste net........ 1,363 kil. à 220 fr. le % .... | ....... | .... | 2,998 | 60 |
| Frais à déduire du montant de la vente | Avoir payé au capitaine Nicolas du *Tancrède*, 3 tonneaux 3/8, à 9 fr., y compris le permis de décharge.......... | 30 | 37 | | |
| | Frais de gabarage de la rade et du port au quai, à 1 fr. 80 c. du ‰ sur 1,285 kil.......... | 2 | 31 | | |
| | Frais de pesage, décharge et mise en magasin, à 3 fr. du ‰ sur 1,285 kil.......... | 3 | 85 | | |
| | Frais de sortie du magasin, entrée au poids et pesage à la livraison, à fr. 50 du ‰ sur 1,285 kil.......... | 4 | 60 | 123 | 66 |
| | Magasinage de 8 mois dans le port de Marseille, et 10 centimes par mois sur les sacs.......... | 18 | 60 | | |
| | Courtage 1/4 % sur 1,827 fr.......... | 4 | 56 | | |
| | Commission de vente et ducroire, à 3 % sur 1,827 fr.......... | 54 | 81 | | |
| | Escompte à raison de 1 % pour 3 mois, sur 1,827 fr.......... | 4 | 56 | | |
| | Total du produit net, valeur au 10 janvier 1874.......... | | | 2,874 | 94 |

Au Havre, le 10 octobre 1873.

Albert ROUSSELOT,

*Courtier au Havre.*

Nota.— M. Albert Rousselot doit ouvrir au Grand-Livre un compte à M. Benoît, afin de le débiter de 2,998 fr. 60, valeur au 10 janvier prochain, ensuite en ouvrir un autre à M. Dauménil, de Limoges, afin de le créditer de 2,874 fr. 94 c., valeur aussi au 10 janvier prochain.

Lorsque M. Benoît aura payé les 2,998 fr. 60 qu'il doit, M. Albert Rousselot prélèvera la somme de 123 fr. 66 c. qui lui revient, et laissera subsister au crédit et à la disposition de M. Dauménil la somme de 2,874 fr. 94 c. pour solde de son compte.

## Compte de vente et produit net.

A trente pièces d'huile d'olive fine, embarquées à Toulon sur le navire français *le Turenne*, capitaine Fabre, du port de Saint-Tropez, pour le compte de M. Raimbaud, de Cannes (Var), en destination de Rochefort, et vendues conformément à ses ordres par M. Jules Brachelard, courtier, à M. de Lignières, négociant à Lorient.

| | | | | | | |
|---|---|---|---|---|---|---|
| DE LIGNÈRES (mdise). | Vendu : trente pièces d'huile, le 15 octobre 1873, à 4 mois de terme, 30 pièces pesant ort .. ............... 18,200 kil. | | | | | |
| | Angles, 1 kil 1/2 par pièce. . . . . 45 kil. } Tare et trait 18 °/₀ sur 18,200 kil. 3,276 » } 3,321 » | | | | | |
| | Produit net.. ...... .... 14,879 kil. à 190 f °/₀. | | | | 28,270 | 10 |
| | Droits de douane sur 14,879 kil. à 35 fr. °/₀ avec 10 °/₀ en sus et quittance 25 c ............................ | 5,728 76 | | | | |
| | Le tiers °/₀₀ sur 6,693 fr. 80 c. au receveur principal et timbre de la traite.................................. | 22 34 | 5,767 | 80 | | |
| | Intérêts de 30 jours à 6 °/₀ sur 5,728 fr. 76 c., la traite n'étant qu'à trois mois au lieu de quatre............ | 16 73 | | | | |
| | Fret suivant connaissement sur 14,879 kil. à 30 fr. le °/₀₀ et 10 °/₀ chapeau sur 446 fr. 30 c.... ............ | 491 30 | | | | |
| | Assurance maritime sur 14,879 fr. nets de marchandise à 2 °/₀........................................ | 297 58 | | | | |
| | Batelage à 1 fr. du °/₀₀ sur 18,200 kil. bruts........... | 18 » | | | | |
| Frais à déduire ...... | Poids et tente à 25 c. du °/₀₀ sur 18,200 kil... ......... | 4 50 | 910 | 98 | 7,744 | 45 |
| | Décharge, pesage et arrimage sur 18,200 kil. à 3 °/₀..... | 54 60 | | | | |
| | Charrois de 30 pièces d'huile à 1 fr................... | 30 » | | | | |
| | Payé au tonnelier pour soins à la décharge de 30 pièces. | 15 » | | | | |
| | Intérêts des avances faites pendant trois mois sur 5,767 f. 80 c. et 910 fr. 98 c., ensemble 6,678 fr. 78 c. à 4 °/₀.. | 66 60 | | | | |
| | Magasinage de 30 pièces d'huile à 1 fr.......... ...... | 30 » | | | | |
| | Sortie du magasin et livraison sur 18,200 kil. à 1 fr. 50 c. du °/₀₀......................................... | 27 30 | 1,065 | 67 | | |
| | Ports de lettre, menus frais, douane, octroi, etc........ | 23 » | | | | |
| | Courtage 1/4 °/₀ sur 28,270 fr. 10 c.................... | 70 67 | | | | |
| | Connaissement et ducroire sur 28,270 fr. 10 c. à 3 °/₀..... | 848 10 | | | | |
| | Produit net, valeur au 20 février 1874..................... | | | | 20,525 | 65 |

Rochefort, le 15 octobre 1873.

Signé Jules BRACHELARD,

*Courtier.*

Nota. — M. Jules Brachelard doit ouvrir un compte à M. de Lignières et le débiter de 28,270 fr. 10 c., valeur au 20 février prochain, et en ouvrir un autre à M. Raimbaud, et le créditer de 20,525 fr. 65 c., valeur au 20 février, pour solde.

**Compte de vente et produit net à 25 sacs sucre de Cuba.**

Marqués E F C N, reçus par le navire français *le Duguesclin*, du port de Brest, capitaine Ch. Le Sérurier, d'envoi de M. Duval, et vendus pour son compte par M. Bâcoin, courtier, à M Ernest de Franchessin, raffineur de sucre à Metz. Valeur à 90 jours.

| DATES DE CHAQUE VENTE. | NOMBRE DE SACS. | ORT. kilog. | NET. kilog. | PRIX DES 100 KILOG. | ÉCHÉANCE DE CHAQUE VENTE. | » | » | SOMMES DUES. | |
|---|---|---|---|---|---|---|---|---|---|
| 1874 Janvier 10 | 10 sacs avariés....... | 520 | 472 | 112 fr. | 10 avril 1874. | » | » | 528 | 64 |
| » » 15 | 15 sacs bonne qualité. | 930 | 834 | 140 fr. | 5 mai » | » | » | 1,167 | 60 |
| | | | | Valeur commune, 18 avril 1874 | | » | » | 1,696 | 24 |
| Totaux..... | 25 sacs............ | 1,450 | 1,306 | | | | | | |
| | Frais à déduire : Fret sur 1,450 kil., soit 1 tonneau 1/2 à 120 fr. et 5 °/ₒ de chapeau.... | | | | | 189 | » | | |
| | Gabarage, 3 fr. 95 c., portefaix, 3 fr. 95 c.; rames et plombs, 57 centimes; charrois et soins à la décharge, 30 centimes par sac....... | | | | | 8 | 47 | | |
| | Droits sur 10 sacs avariés, pesant ort 520 kil.; net 472 kil. à 36 fr. le °/ₒ; le 10ᵉ en sus, et quittance, 25 centimes............ | | | | | 187 | 16 | | |
| | Droits sur 15 sacs de bonne qualité pesant ort 930 kil.; net 834 kil. à 36 fr. le °/ₒ; le 10ᵉ en sus, et quittance, 25 centimes.................. | | | | | 303 | 49 | 760 | 44 |
| | Intérêts de 90 jours sur 1,696 fr. 04 c. à 1 °/ₒ........ | | | | | 4 | 24 | | |
| | Pour livraison, 3 fr. 96 c.; magasinage, 6 fr.; menus frais de vente publique, 3 fr.............. | | | | | 12 | 96 | | |
| | Courtage 1/4 °/ₒ sur 1,696 fr, 04 c............ | | | | | 4 | 24 | | |
| | Commission et ducroire à 3 °/ₒ sur 1,696 fr. 04 c....................... | | | | | 50 | 88 | | |
| | Produit net, valeur commune au 18 avril 1874.............. | | | | | | | 935 | 80 |

Brest, le 5 février 1874.

BACOIN,
*Courtier*.

Nota.— M. Bâcoin doit ouvrir un compte à M. Ernest de Franchessin et le débiter de 1,696 fr. 24 c., valeur au 18 avril prochain, pour solde; et créditer M. Duval de 935 fr. 80 c., valeur au 18 avril prochain, également pour solde.

**Compte de courtage à régler par le négociant qui en doit le montant.**

Doit M. Cabrol jeune, armateur, allées de Chartres, n° 9, à Bordeaux, 312 fr. 24 c., à Ferrière (André), pour le courtage désigné ci-dessous à 1/4 %.

| DATES DE CHAQUE VENTE. | NOMS. | DÉSIGNATION DES ARTICLES. | SOMMES. | |
|---|---|---|---|---|
| 1873 Décembre 5 | GOUBEAU, Jh. . . . | Vendu : 8,540 kil. sucre en pain à 120 fr. les 100 kil. . . . . | 10,248 | » |
| » » 25 | BOULDOYRE, B. R | Acheté : 650 sacs sucre de la Guadeloupe, à 73 fr. le sac. . . | 47,450 | » |
| » » 30 | BOPPE, Victor . . . | Vendu : 840 sacs sucre Bourbon, à 80 fr. le sac . . . . . . . | 67,200 | » |
| | | Total. . . . . . . . | 124,898 | » |

**Compte de courtage dont les sommes sont remplies par le négociant qui en doit le montant.**

Doit M. Cabrol jeune, de Bordeaux, 312 fr. 24 c., à Ferrière (André), pour le courtage désigné ci-dessous.

| DATES DE CHAQUE VENTE. | NOMS. | DÉSIGNATION DES ARTICLES. | SOMMES. | |
|---|---|---|---|---|
| 1873. Décembre 5 | GOUBEAU, Jh. . . . | Vendu : 8,450 kil. sucre en pain, à 120 fr. les 100 kil. . . . . | 10,248 | » |
| » » 25 | BOULDOYRE, B. R. | Acheté : 650 sacs sucre de la Guadeloupe, à 73 fr. le sac . . | 47,450 | » |
| » » 30 | BOPPE, Victor . . . | Vendu : 840 sacs sucre Bourbon, à 80 fr. le sac . . . . . . . | 67,200 | » |
| | | Total. . . . . . . | 124,898 | » |
| | | Courtage à 1/4 %. . | 312 | 24 |

Bordeaux, le 15 mars 1874.

Pour acquit :

A. FERRIÈRE.

Si 50 sacs de sucre coûtent 4,250 fr., combien coûteront 650 sacs ? — Réponse : 55,250 fr.
Il faut diviser les 4,250 francs par les 50 sacs.

| | |
|---|---|
| 4,250 | 50 |
| 0,250 | 085 fr. prix du sac, qu'il faut multiplier par les autres 650 sacs. |
| 000 | |

Les 650 sacs sucre à 85 fr. le sac, coûtent 55,250 fr.

85

3250
5200

55,250 fr.

# ANALYSE

*De certains articles de Comptabilité usuelle, abstraite et inédite, que MM. les Comptables et Professeurs feront bien de lire attentivement, afin de s'en pénétrer et d'en tirer la quintessence au profit des élèves et des négociants.*

| FOLIOS du brouillard. | FOLIOS du journal. | DATES DES ARTICLES détaillés AU JOURNAL et AU BROUILLARD. | NOMS ET DÉSIGNATION de CHAQUE COMPTE. | ANALYSE DES ARTICLES. |
|---|---|---|---|---|
| 20 | 44 | 31 déc. 1870 | INVENTAIRE GÉNÉRAL. | L'inventaire général d'une maison de commerce est composé d'un actif et d'un passif : l'actif, c'est ce qu'elle possède, 130,000 ; le passif, ce qu'elle doit, 10,000. |
| 21 | 44 | 1er janv. 1871 | DUVAL | Vente de marchandise. |
| 22 | 44 | Janvier... 8 | BROUARD | Achat de marchandise. |
| 23 | 44 | » 20 | MARCHANDISES | Recette du jour. |
| 23 | 44 | » 21 | RÉGULATEUR | Dépenses personnelles. |
| 24 | 46 | Janvier... 25 | RÉGULATEUR | Frais généraux. |
| 24 | 46 | » 25 | EFFETS A RECEVOIR | Encaissement d'un effet. |
| 24 | 46 | » 25 | BILLETS A PAYER | Acquit de mon billet. |
| 26 | 46 | Janvier... 30 | DUVAL | Un à-compte en espèces avec escompte. |
| 26 | 46 | » 30 | BROUARD | Un à-compte en espèces avec escompte et un B/ à O/ remis par la maison. |
| 27 | 48 | Février... 1er | BICHOFFE | Vente d'un immeuble. |
| 27 | 48 | » 2 | RISPAL | Ma traite sur lui. |
| 28 | 48 | » 7 | BICHOFFE | Sa remise en un bon sur la Banque de France. |
| 28 | 48 | » 7 | BANQUE DE FRANCE | Négociation de deux effets. |
| 29 | 50 | Février... 9 | BROUARD | Acceptation de son mandat. |
| 29 | 50 | » 10 | DE CHAZOT | Ma remise en cinq effets en compte-courant et d'intérêts. |
| 30 | 50 | » 14 | CARBONEL | Marchandise expédiée en consignation. |
| 31 | 50 | » 15 | MARCHANDISES | Frais de transport de marchandise expédiée en consignation. |
| 31 | 50 | » 15 | BÉGASSAT A DE LASALLE | Compte de virement simple. |
| 32 | 52 | Février... 17 | GAJAC A MARAINE | Compte de virement composé. |
| 32 | 52 | » 17 | VOISIN | Retour de marchandise. |
| 33 | 52 | » 17 | BANQUE DE FRANCE | Sa remise en espèces et frais de négociation détaillés. |
| 34 | 52 | Février... 18 | MALLET A CARBONEL | Virement simple, pour vente de marchandise en consignation. |
| 34 | 52 | » 19 | MEUBLES ET IMMEUBLES | Achat de chevaux et de matériel. |
| 35 | 52 | Février... 20 | ACTIF | Héritage provenant d'une succession. |
| 35 | 52 | » 21 | PRÉVEL A BANQUE DE FRANCE | Retour de la traite Prével, impayée. Virement simple. |
| 36 | 52 | » 22 | LESPINASSE | Virement simple Retour de ma traite impayée. Insolvable. Parti pour l'Amérique. |

| FOLIOS du brouillard. | FOLIOS du journal. | DATES DES ARTICLES détaillées AU BROUILLARD et AU JOURNAL. | | NOMS ET DÉSIGNATION de CHAQUE COMPTE. | ANALYSE DES ARTICLES. |
|---|---|---|---|---|---|
| 36 | 52 | Février... | 24 | BILLETS A PAYER... .. | Acquit de mon acceptation O/ Brouard. |
| 37 | 52 | » | 25 | PRÉVEL............... | Déclaré en faillite. Pertes de 90 %. |
| 37 | 52 | » | 25 | SIMON............... | Virement simple. En fuite. Passé à l'étranger. Pertes. |
| 37 | 54 | Février.. | 26 | MARCHANDISES...... . | Achat au comptant. |
| 38 | 54 | » | 27 | MEUBLES ET IMMEUBLES | Perte d'un cheval. Vendu à un boucher. |
| 38 | 54 | » | 27 | DUVAL................. | Sa remise en espèces et en marchandise à valoir. |
| 38 | 54 | » | 27 | RÉGULATEUR.......... | Entretien de mes propriétés. |
| 39 | 54 | Février... | 28 | ACTIF................. | M. Lespinasse revient d'Amérique. Il solde son compte, capital et intérêts. |
| 39 | 54 | » | 28 | RÉGULATEUR.......... | Envoi de 1,000 fr. à M. Carbonel, à titre de commission 10 %. |
| 39 | 54 | » | 28 | BANQUE DE FRANCE.... | Sa remise en espèces. Frais de négociation. |
| 40 | 58 | Mars..... | 4 | BLONDEL A DE CHAZOT | Retour de l'effet Blondel. Virement simple. |
| 41 | 58 | » | 14 | CORDONNIER-SALMON... | Ma traite sur lui. Rabais de 60 fr. sur sa facture du 10 mars. |
| 42 | 58 | Mars..... | 16 | EFFETS A RECEVOIR... | Achat de quatre actions de chemin de fer. |
| 42 | 58 | » | 22 | ACTIF................. | Récolte de mes propriétés. |
| 42 | 58 | » | 23 | MARCHANDISES......... | Consommation de vin de ma récolte. Cadeau à mon oncle. |
| 42 | 58 | » | 25 | DE CHAZOT. | Sa remise de son compte-courant et d'intérêts. |
| 43 | 60 | Mars..... | 28 | EFFETS A RECEVOIR... | Vente de quatre actions de chemin de fer. |
| 43 | 60 | » | 28 | ACTIF................. | Bénéfices réalisés sur la vente de quatre actions. |
| 43 | 60 | » | 30 | BLONDEL............... | Ma traite sur lui pour solde de son B/ impayé. |

# TABLE DES MATIÈRES





Moulins, imprimerie de C. Desrosiers.

Moulins. Imp. de C. Desrosiers.

www.ingramcontent.com/pod-product-compliance
Ingram Content Group UK Ltd.
Pitfield, Milton Keynes, MK11 3LW, UK
UKHW020009100726
13658UKWH00002B/874

9 782019 958589